Barbara Stein
Theorie und Praxis der Montessori-Grundschule

Barbara Stein

Theorie und Praxis der Montessori-Grundschule

Herder Freiburg · Basel · Wien

Gedruckt auf umweltfreundlichem,
chlorfrei gebleichtem Papier

Umschlaggestaltung: Joseph Pölzelbauer, Freiburg
Umschlagfoto: © Tony Stone
Fotos Innenteil: Barbara Stein

2. Auflage

Alle Rechte vorbehalten – Printed in Germany
© Verlag Herder Freiburg im Breisgau 1998
Satz: DTP-Studio Helmut Quilitz, Denzlingen
Druck und Bindung: Freiburger Graphische Betriebe 2001
ISBN 3-451-26618-0

Inhalt

Vorwort 9

1. Das Kind

1.1. Das Kind von der Geburt bis ca. 6 Jahre 11
   1.1.1. Die Bedeutung der Bewegung und die Erziehung der
       Aktivität 13
   1.1.2. Die Suche nach Orientierung 15
   1.1.3. Der Erwerb der Sprache und die Bedeutung der
       Gemeinschaft 18
1.2. Das Kind von ca. 6 Jahren bis zur Pubertät 18
   1.2.1. Die Erweiterung des Erfahrungs- und Handlungsraumes 19
   1.2.2. Der Erwerb der Kulturtechniken und das Erfassen von
       Naturphänomenen 21
   1.2.3. Die Suche nach Orientierung in moralischen und
       sozialen Fragen 21
1.3 Konsequenzen für die Erziehung 23

2. Erzieher (Eltern, Erzieherinnen, Lehrer und Lehrerinnen)

2.1. Vorbereitung der Erzieher 24
   2.1.1. Kenntnisse über das Kind 24
   2.1.2. Kenntnisse über die eigene Person 25
   2.1.3. Kenntnisse über die Welt 27
2.2. Die Aufgabe der Erzieher 28
   2.2.1. Erzieher als „Diener des Geistes" 28
   2.2.2. Die Vorbereitung der Umgebung 31
   2.2.3. Orientierung durch Autorität 34
   2.2.4. Gewährung von Freiheit 37
   2.2.5. Hinführung zur konzentrierten Arbeit 39

2.2.6. Schutz der konzentrierten Tätigkeit	40
2.2.7. Bestätigung und Anerkennung	41
2.3. Rückwirkung auf die Erzieher	41
2.4. Zusammenarbeit von Eltern und Lehrern	42
2.5. Schulleitung und Kollegium	43

3. Die Klasse

3.1. Die Kindergruppe	44
3.2. Erziehungs- und Lernziele der jahrgangsgemischten Klasse	45
3.3. Gesichtspunkte für die Umsetzung von jahrgangsgemischten Klassen in der schulischen Praxis	49
3.3.1. Verschiedene Modelle der Altersmischung	49
3.3.2. Klassenfrequenz und Gruppengröße der Gleichaltrigen	50
3.3.3. Gesichtspunkte für die Stundenplangestaltung	52
3.4. Die Einrichtung jahrgangsgemischter Klassen	53
3.5. Andere Formen des Soziallebens in der Schule	54

4. Das Ziel der Freiarbeit: „Mir geht ein Licht auf!" Die Polarisation der Aufmerksamkeit

4.1. Der Begriff „Freiarbeit"	55
4.1.1. Die Vorbereitete Umgebung und das Arbeitsmaterial	56
4.1.2. Beschreibung der Praxis „Freiarbeit"	60
4.2. Ziel der Freiarbeit	63
4.3. Beschreibung des Phänomens „Polarisation der Aufmerksamkeit"	65
4.4. Die Rückwirkung der engagierten Tätigkeit auf die Psyche des Kindes	66
4.4.1. Stärkung der Personalität und der sozialen Fähigkeiten	66
4.4.2. Eroberung von Freiheit und Disziplin	67
4.5. Verlaufsform der konzentrierten Arbeit	68
4.5.1. Phase der Vorbereitung	68
4.5.2. Phase der großen Arbeit	69
4.5.3. Phase des Ausklangs	69

4.5.4. Gewöhnung an Arbeit 69
4.5.5. Unterschiedliche Formen der konzentrierten Arbeit . . 70
4.6. Erzieherverhalten während der Arbeitsphase des Kindes . . . 72
4.7. Normalisierung 73

5. **Das Bedingungsgefüge der Freiarbeit**

5.1. Die Eigenschaften des Arbeitsmaterials 76
5.2. Die Fehlerkontrolle 89
5.3. Die Einführung des Materials 93
5.4. Die Vorbereitete Umgebung als Antwort auf die Sensibilitäten des Kindes 95
5.5. Freiheit und Begrenzung 96
5.6. Erzieherverhalten 101

6. **Die Fächer in Freiarbeit und gebundenem Unterricht**

6.1. Der Begriff „gebundener Unterricht" 102
6.2. Die Fächer im einzelnen 103
  6.2.1. Sprache 103
    6.2.1.1. Schreiben und Lesen 103
    6.2.1.2. Rechtschreiben 107
    6.2.1.3. Mündlicher Sprachgebrauch 110
    6.2.1.4. Schriftlicher Sprachgebrauch 110
    6.2.1.5. Grammatik 111
  6.2.2. Mathematik 113
  6.2.3. Sachunterricht 117
  6.2.4. „Kosmische Erziehung" 118
    6.2.4.1. Theoretischer Ansatz 118
    6.2.4.2. Praktischer Ansatz 119
  6.2.5. Sport 125
  6.2.6. Musik und Kunst 125
  6.2.7. Religion 126

7. Lernzielkontrollen und Leistungsbewertung

7.1. Allgemeiner Überblick: Zeugnisse 129
7.2. Beobachtung der kindlichen Entwicklung und Lernzielkontrollen in Freiarbeit und gebundenem Unterricht 130
    7.2.1. Die Beobachtung 130
    7.2.2. Lernzielkontrollen 131
7.3. Leistungsbewertung ohne Noten 134
    7.3.1. Beispiel für ein Beurteilungszeugnis 135

8. Die Bedeutung der Montessori-Pädagogik für die Gegenwart

8.1. Kurzer Überblick über das Leben Maria Montessoris 138
8.2. Die Gegenwartsbedeutung der Montessori-Pädagogik 139

Arbeitsmittel 141

Literatur 142

Stichwortverzeichnis 144

Der Unterricht ist zu Ende. Jurij zieht die Jacke an, reckt und streckt sich, gähnt wohlig und sagt – zu meiner Überraschung, ich hatte nach dem Gähnen und Strecken einen anderen Ausspruch erwartet –: „Schule tut gut!"

Vorwort

„Wir möchten unsere Kinder in die Montessori-Schule einschulen, aber wir haben eigentlich keine Ahnung, wie es dort wirklich zugeht. Könnten wir einmal beim Unterricht zusehen?" fragen Eltern.

„Ich schreibe eine Examensarbeit über die Prinzipien der Montessori-Pädagogik. Ich habe viel gelesen, aber ehrlich gesagt – die Praxis kann ich mir doch nicht vorstellen. Kann ich einmal zum Hospitieren kommen?" fragt eine Studentin.

„Ich brauche Anregungen für meinen Unterricht. Vor allem suche ich gutes Arbeitsmaterial für die Kinder. Können Sie mir ein paar Tips geben?" werden wir von Kolleginnen und Kollegen gefragt.

„Was ich so höre von der Montessori-Schule, gefällt mir ja ganz gut", sagt eine Mutter. „Aber mein Kind braucht mehr Druck. Ich glaube, für mein Kind ist die Schule nicht geeignet."

„Montessori? Dürfen da die Kinder nicht die ganze Zeit tun, was sie wollen? Na, da bin ich skeptisch", meint ein Vater.

„Mein Kind ist so kreativ. Es ist ein typisches Montessori-Kind", behauptet eine Mutter.

„Ich bin richtig froh, daß ich mich für die Montessori-Schule entschieden habe", sagt eine andere. „Vor allem die Freiarbeit überzeugt mich. Wenn ich da an meine Schulzeit denke!"
„Wie es den Kindern geht? Gut. Sie haben bei Ihnen eine tolle Grundlage bekommen. Sogar die Lehrer sagen das", antwortet ein Vater auf die Frage, wie es ehemaligen Schülern geht.

Die Aussagen von Eltern, Lehrern und Lehrerinnen, Studierenden und anderen an der Montessori-Pädagogik interessierten Personen ließen sich beliebig verlängern. Interesse und Informationsbedürfnis sind groß. Viele möchten in der Schule hospitieren, andere suchen nach Literatur. Die Montessori-Literatur ist unterdessen sehr umfangreich, allerdings kommt die Praxisbeschreibung noch zu kurz.

Das vorliegende Buch beschreibt die Verwirklichung der Montessori-Pädagogik in der Grundschule und verbindet dabei Theorie und Praxis. Es richtet sich an Eltern, Studierende, Kursteilnehmer und sonstige Interessierte und soll helfen, die Vorstellung von der Praxis der Grundschule zu verdeutlichen.

In diesem Buch ist natürlich auch viel von Lehrerinnen und Lehrern die Rede; um die Lesbarkeit zu erleichtern, wechsele ich die Ausdrucksformen, spreche aber relativ oft nur von der „Lehrerin". Das liegt daran, daß im Grundschulbereich mehr als zwei Drittel aller Lehrpersonen Lehrerinnen sind. Ich hoffe, die (männlichen) Lehrer können dies akzeptieren und fühlen sich trotzdem angesprochen.

1. Das Kind

1.1. Das Kind von der Geburt bis ca. 6 Jahre

Wenn Kinder in die Schule kommen, sind bereits sechs entscheidende Lebensjahre vergangen. Deswegen ist es unerläßlich, daß Lehrerinnen und Lehrer die Entwicklungsphase der frühen Kindheit kennen und wissen, welche Leistungen das Kind in seinem Aufbau der Persönlichkeit schon vollbracht hat.

Das Kind ist von Geburt an ein aktives Wesen, das auf Grund seiner genetischen Anlagen mit bestimmten Begabungen und Potenzen ausgestattet ist. Ob und wie sich die Anlagen entwickeln, hängt vom individuellen Lebensweg eines Kindes und seiner Erziehung ab. Dies weist sowohl den Eltern als auch der Umgebung, in die das Kind hineingeboren wird, eine entscheidende Bedeutung zu. Denn das Kind entwickelt seine Fähigkeiten nur im Austausch mit anderen Menschen und mit seiner Umwelt. Deshalb vergleicht Maria Montessori das neugeborene Kind mit einem „geistigen Embryo", der die besonderen Bedingungen einer familiären Umwelt benötigt, um die speziell menschlichen Eigenschaften wie Willens- und Handlungsfreiheit, Sprache, Intelligenz und Gefühl richtig entwickeln zu können.

„So wie der physische Embryo die besondere Umwelt des Mutterschoßes benötigt, braucht auch der geistige Embryo den Schutz einer lebendigen, von Liebe durchwärmten, an Nahrung reichen Umwelt, in der alles darauf eingerichtet ist, sein Wachstum zu fördern, und nichts hindernd im Wege steht." (5, 44)

Liebe, Wärme, Schutz und Orientierung wird dem Kind durch die Eltern und durch andere Personen gegeben. Die Geborgenheit, die ein Kind bei seinen Eltern findet, ist wie ein Hafen, von dem aus es seine Welteroberung starten und in den es zurückkehren kann, wenn es Mitfreude oder Ruhe, Ermutigung oder Trost braucht. Die geglückte Geborgenheit in der Liebe der Eltern gibt dem Kind ein Leben lang Mut und Sicherheit. Aber dort, wo elterliche Liebe unzuverlässig oder zwiespältig ist, leidet die Entwicklung des Kindes, und die volle Entfaltung seiner potentiellen Möglichkeiten wird sehr erschwert. Deswegen sind später in der Schule die Bemühungen von Lehrerinnen und Lehrern bei jenen Kindern am fruchtbarsten, die in einer liebevollen und tragfähigen Beziehung zu ihren Eltern leben.

Maria Montessori betont die Wichtigkeit einer zeitgerechten Erziehung. Damit ist gemeint, daß auf die Entwicklungsbedürfnisse des Kindes jeweils in den entsprechenden Phasen und nicht irgendwann später eingegangen werden muß. Montessori spricht von „sensiblen Perioden" (5, 46f) oder „sensiblen Phasen" für das Erlernen bestimmter grundlegender Fähigkeiten, und sie fordert, sich auf diese sensiblen Perioden in der Erziehung einzustellen. Denn während der sensiblen Phasen ist das Kind besonders empfänglich, bestimmte Dinge in ihrer Bedeutung für das eigene Wachstum wahrzunehmen und sie dem Lernen dienstbar zu machen.

„Auf Grund dieser Empfänglichkeit vermag das Kind einen außerordentlich intensiven Zusammenhang zwischen sich und der Außenwelt herzustellen, und von diesem Augenblick an wird ihm alles leicht, begeisternd, lebendig." (5, 49)

In der Entwicklung des Kleinkindes lassen sich folgende Sensibilitäten besonders gut beobachten:
– die Sensibilität für Bewegung und Sinneseindrücke, verbunden mit dem Verlangen, seinen Willen in Taten umzusetzen;
– die Sensibilität für Ordnung und die Suche nach Orientierung;
– die Sensibilität für den Erwerb der Sprache und die Anpassung an den geistigen Lebensraum, der durch die Sprache erzeugt wird.

1.1.1. Die Bedeutung der Bewegung und die Erziehung der Aktivität

Auffallend bei Säuglingen und Kleinkindern ist vor allem deren Drang nach Bewegung. Tätig in Bewegung zu sein, ist für sie eine Quelle von Freude und positiven Lebensgefühlen. Kinder wollen ihren Körper beherrschen und ihre Bewegungen koordinieren lernen, und sie tun dies, indem sie sich aktiv und mit allen Sinnen der Erforschung ihrer Umwelt zuwenden. Aufgabe der Erziehung ist es, das Kind anzuleiten, selbst zu laufen, selbst zu essen, sich selber an- und auszuziehen und eine Arbeit selbständig durchzuführen. Die Kinder machen dabei Erfahrungen mit angenehmen und unangenehmen Eigenschaften der Dinge, gewinnen räumliche Vorstellungen und erfahren Begrenzungen. Montessori betont den Zusammenhang von Bewegung und der Entwicklung von Bewußtsein und Intelligenz:

„Die Bewegung ist nicht nur Ausdruck des Ichs, sondern ein unerläßlicher Faktor für den Aufbau des Bewußtseins; bildet sie doch das einzige greifbare Mittel zur Herstellung klar bestimmter Beziehungen zwischen Ich und äußerer Realität. Die Bewegung ist somit ein wesentlicher Faktor beim Aufbau der Intelligenz, die zu ihrer Nahrung und Erhaltung der Eindrücke aus der Umwelt bedarf. Sogar die abstrakten Vorstellungen reifen ja aus den Kontakten mit der Wirklichkeit, und die Wirklichkeit kann nur durch Bewegung aufgenommen werden." (5, 103)

Bei sehr kleinen Kindern steht die elementare Bewegung im Vordergrund. Für ein Kind z. B., das laufen gelernt hat, ist das Laufen an sich das Ziel. Es kann sich einen ganzen Nachmittag damit beschäftigen, vom Wohnzimmer durch den Garten zur Sandkiste hin- und herzulaufen, nicht weil es in der Sandkiste spielen will, sondern weil diese Strecke der äußere Anreiz für den inneren Impuls ist zu laufen. Später wird aus der elementaren Bewegung die elementare Handlung. Die Kinder freuen sich z. B. daran, die Deckel von Gefäßen auf- und wieder zuzuschrauben, oder sie säubern einen Tisch mit gleichmäßigen Bewegungen, unabhängig davon, ob der Tisch schmutzig ist oder nicht. Kinder sind erfindungsreich, wenn es darum geht, aktiv zu sein. Dabei ist es weniger das Spielzeug, das sie interessiert, als die Dinge des täglichen Lebens, die viel anziehender sind. So beobachtete ich einmal einen kleinen Neffen, der, während wir Erwachsene auf der Terrasse saßen und uns unterhielten, still, aber sehr beschäftigt in der Nähe auf dem Boden saß: Er hatte sich aus dem Badezimmer ein Stück Seife geholt und schrubbte damit die Basaltinplatten der Terrasse.

Da sie heute in einer Welt leben, die in erster Linie auf die Bedürfnisse von Erwachsenen ausgerichtet ist, müssen für Kinder spezielle Orte geschaffen werden, damit sie genügend Spiel- und Handlungsraum für ihre spezifischen Aktivitäten haben. Montessori spricht von der „Vorbereiteten Umgebung" zu Hause oder im Kindergarten, in der sich die Kinder sinnvollen Zielen zuwenden und dabei ihren Bewegungsdrang ordnen können. In den „Übungen des täglichen Lebens" finden die Kinder vielfältige Möglichkeiten, gemäß ihren Bedürfnissen und auf Grund eigener Entscheidungen aktiv zu sein. Sie können Schuhe putzen, Kartoffeln schälen und kochen, den Tisch decken, spülen, sich darin üben, Schleifen zu binden oder Wasser von einem Gefäß ins andere zu gießen. Die Gegenstände für diese Handlungen stehen immer bereit, sind vollständig und dürfen täglich benutzt werden. Durch viele wiederholende Übungen auf Grund eigener Entscheidung und im individuellen Lerntempo gewinnt das Kind körperliche Geschicklichkeit, Umsicht und Einsicht in Zusammenhänge. Aus den elementaren Handlungen erwachsen im Laufe der Entwicklung komplexe Handlungsabläufe, und die Kinder werden fähig, das äußere Ziel über der Freude an der Tätigkeit nicht aus den Augen zu verlieren.

Es sind also nicht die spektakulären Dinge, die die Kinder brauchen. Es ist die normale häusliche Umwelt oder die Umwelt des Kindergartens, die sie begreifen wollen. Für kleine Kinder ist die Erforschung ihrer Umgebung so spannend wie für uns eine Reise in fremde Länder.

Wenn Kinder in der beschriebenen Weise aktiv sind, arbeiten sie am Aufbau ihrer Persönlichkeit. Sie lernen, ihren Willen in sinnvolle Handlungen umzusetzen. Da kleine Kinder eine große Freude an der Genauigkeit von Bewegungen haben, geht das Streben nach Unabhängigkeit einher mit dem Bestreben, etwas genau und richtig zu tun. Deswegen ist es wichtig, daß Mütter, Väter, Erzieherinnen und andere Personen kleinen Kindern die Durchführung einer Handlung langsam, genau und gut beobachtbar zeigen. Es ist nämlich nicht egal, *wie* man etwas macht. Das Kind übernimmt von seinen Eltern und Erziehern mit der Handlung auch Sorgfalt oder Nachlässigkeit, Sachgerechtigkeit oder Willkür. Geschicklichkeit und Disziplin können sich nur in einer Atmosphäre entwickeln, in der sie auch vorgelebt werden. Wenn der kindliche Aktivitätsdrang unterdrückt, behindert, falsch gelenkt oder willkürlich sich selbst überlassen wird, dann wird das Kind in seiner positiven Entwicklung gestört. Es lernt nicht, seinen Willen in sinnvolle Tätigkeiten umzusetzen, es verlernt, seine wichtigen Entwicklungsbedürfnisse überhaupt wahrzunehmen, oder es gewinnt Freude an zerstörerischen Handlungen. Die Erziehung zu Freiheit und Verantwortung durch sinnvolle, konzentrierte und selbstbestimmte Aktivitäten ist ein zentraler Punkt der Montessori-Pädagogik.

1.1.2. Die Suche nach Orientierung

Vom Beginn seines Lebens an sucht das Kind in der Vielfalt der Eindrücke nach Ordnung und Orientierung. Die „Ordnung", die das Kind für eine gesunde Entwicklung braucht, bezieht sich sowohl auf die zuverlässige, liebevolle Zuwendung immer wiederkehrender Personen, wie auch auf die Verläßlichkeit täglicher Zeitabläufe oder die gleichbleibende räumliche Präsenz von Gegenständen.

Die erste Ordnung, die das Kind entdeckt, liegt z. B. im Erkennen der gleichbleibenden Gestalt der Mutter oder anderer Bezugspersonen, deren Stimme, Gesicht, Geruch und Gestalt sich ihm als konstant und zuverlässig einprägen. Im weiteren Verlauf der Entwicklung erfährt das Kind weitere Konstanten: Menschen, Tiere, Gegenstände oder Räumlichkeiten haben bestimmte Erscheinungsformen, die man an ihren Strukturen erkennen kann. Voraussetzung für das Erfassen der Ordnung ist, daß der Säugling und das Kleinkind vielfältige Erfahrungen mit zuverlässig gleichbleibenden Menschen, Gegenständen, Räumlichkeiten und Zeremonien machen können. Ein Kind gewinnt dabei nicht nur Einsichten in die Ordnung seiner Umwelt, sondern es baut zugleich seine geistigen Kräfte auf, die ihm ermöglichen, geordnet und strukturiert zu denken, zu handeln und zu fühlen. (5, 64)

Die Suche nach Orientierung und das Erkennen von Ordnungen lassen sich an vielen Beispielen beobachten. Bekannt ist das Verstecken spielen mit kleinen Kindern: Man versteckt sich vor den Augen des Kindes z. B. hinter einem Sessel und läßt sich dann zur großen Freude des Kindes genau dort wiederfinden. Zeigt eine Mutter ihrem Kleinkind, wie es eine Gabel gerade neben den Teller legt, so kann das Kind eine Freude daran haben, die Gabel immer wieder zurechtzurücken, wenn diese schief hingelegt wird. Beim Erzählen einer Geschichte bestehen die Kinder darauf, daß diese in immer den gleichen Worten erzählt wird. Auch Zeremonien müssen genau eingehalten werden. David gab uns z. B. an einem seiner Geburtstage ein Playmobilpäckchen zurück, weil wir es aus irgendeinem Grund nicht in Geschenkpapier eingepackt hatten. Erst als ich es wie gewohnt verpackt hatte, konnte er es als Geschenk akzeptieren. Manchmal kann das kindliche Beharren auf einer bestimmten Ordnung schwierig werden: Dominik, knapp zwei Jahre alt, nahm an Weihnachten die Zeremonie des Heiligen Abends wohl auf besonders intensive Weise wahr: Die Dunkelheit des Wohnzimmers war erhellt durch die brennenden Kerzen am Weihnachtsbaum, durch die Kerzen im vierarmigen Leuchter auf der Kredenz und durch eine weitere Kerze auf dem Tisch. Als der Vater am nächsten Tag zum Mittagessen die Kerzen am Weihnachtsbaum anzündete, bestand Dominik darauf, daß die Rolläden heruntergelassen wurden (auch am Heiligen Abend waren die Rolläden geschlossen gewesen) und ebenfalls die Kerzen am vierarmigen Leuchter und die Kerze auf dem Tisch angezündet wurden. Nun war er zufrieden und konnte am Mittagessen teilnehmen. Erst in den nächsten Tagen gelang es uns, die Zeremonie soweit zu modifizieren, daß das Zimmer nicht jedesmal durch das Herunterlassen der Rolläden verdunkelt werden mußte, wenn die Kerzen angezündet werden sollten.

Bemerkenswert an einer solchen Geschichte ist, daß das Kind bei einer bestimmten Situation aus den vielen möglichen Ordnungskriterien jene auswählt, die ihm individuell bedeutsam erscheinen. Hier war es wohl der Gegensatz von hellen Kerzen und der Dunkelheit des Wohnzimmers.

Solche Begebenheiten kann man bei allen Kindern beobachten, allerdings in unterschiedlicher Stärke oder Heftigkeit. Häufig werden sie in ihrer Bedeutung für die Entwicklung des Kindes nicht erkannt. In Wahrheit erlebt das Kind jedoch die Freude, im Chaos unterschiedlichster Erscheinungsformen bestimmte Dinge in ihrer Beziehung zueinander wiederzuerkennen. Das „bedeutet, sich in seiner Umwelt zurechtzufinden und sie in allen ihren Einzelheiten zu besitzen"; die Umwelt wird zum „Besitz der Seele". (5, 63) Deswegen ist es wichtig, dem Kind eine Umgebung zu schaffen, in der alle Gegenstände ihren angestammten Platz haben, jederzeit für den Gebrauch bereit sind und in ihrer Quantität so maßvoll, daß das Kind nicht die Übersicht verliert. Die Gegenstände müssen dem Kind helfen, Ordnungsstrukturen zu finden und zu erproben. Mit ihrem „Sinnesmaterial" schuf Montessori Arbeitsmittel, die dem Kind erlauben, geordnete Erfahrungen z. B. mit Dimensionen, Farben und Geräuschen zu machen und diese in ihren Gleichheiten, Paarbildungen und Abstufungen zu erleben.

„In einer solchen, in ihren Zusammenhängen bekannten Umwelt vermag das Kind sich zu orientieren, sich zu bewegen und seine Zwecke zu erreichen. Ohne diese Fähigkeit, Beziehungen herzustellen, würde ihm jede Grundlage fehlen, und es befände sich gleichsam in der Lage eines Menschen, der zwar Möbel besitzt, aber keine Wohnung, um sie darin aufzustellen." (5, 64)

In der kleinkindlichen Entwicklungsphase wird das Fundament gelegt für die Fähigkeit des Menschen, sich zu orientieren. Aber die Suche nach Struktur und Ordnung hört damit nicht auf, sondern bezieht sich mit wachsendem Alter auf immer größer werdende Lebensbereiche. Deswegen ist auch für das Schulkind eine zuverlässige Ordnung unverzichtbar, damit es die gewonnenen Erfahrungen richtig einordnen kann.

Es ist die fünfte Schulwoche. Conny, ein Erstkläßler, steht neben mir am Lehrertisch und zeigt mir eine Arbeit. Unvermittelt sagt er dann: „Weißt du, was an der Schule so schön ist?"

„Was denn?"

„Daß man viermal am Tag was zu essen kriegt."
Ich bin verdutzt. Aber Conny erzählt schon weiter: „Morgens gibt es erst Frühstück. Dann ist Frühstückspause in der Schule. Dann Mittagessen und dann noch Abendessen. Aber am Freitag kam die Laura so spät aus der Schule, und wir mußten sofort zum Judo. Und dann sind wir zur Oma gefahren. Deswegen gab es kein Mittagessen." Da verstand ich, was er mir mitteilen wollte: Er hatte entdeckt, daß die Mahlzeiten den Tag strukturieren; daß diese Ordnung aber manchmal durchbrochen wird und daß er die Gründe, die dazu führen, verstehen kann.

1.1.3. Der Erwerb der Sprache und die Bedeutung der Gemeinschaft

Eine weitere Sensibilität der Kleinkindzeit ist die für den Erwerb der Sprache. Mit der Sprache, die es ganzheitlich erfaßt, steht das Kind in einem intensiven Austausch mit Mutter und Vater, mit anderen Menschen sowie mit der Kultur und Geisteshaltung seiner Umwelt. Mit der Sprache paßt sich das Kind an den Kulturkreis an, in den es hineingeboren wird. Es übernimmt dessen Begrifflichkeit und Deutung und gewinnt so eine innere geistige Welt. Durch die Sprache stellt das Kind Gemeinschaft mit anderen Menschen her, es kann Gedanken und Gefühle äußern und sich darüber mit anderen austauschen. Es gewinnt heimatliche Verwurzelung.

Je differenzierter der sprachliche Ausdruck ist, in den das Kind hineinwächst, desto differenzierter wird auch seine Fähigkeit, die Wirklichkeit sprachlich zu erfassen, weil es sie in die richtigen Worte kleiden kann. Die Sprache der Umgebung wird zur Sprache des Kindes. Es erhält damit eine geistige Prägung, die ihm den Reichtum dieser Welt öffnet oder verschließt.

1.2. Das Kind von ca. 6 Jahren bis zur Pubertät

Irgendwann zwischen dem 5. und 7. Lebensjahr lassen sich beim Kind Änderungen in seinem Verhalten beobachten, die darauf hindeuten, daß ein neuer Entwicklungsabschnitt begonnen hat. Zu den in der vorhergehenden Phase zu beobachtenden Entwicklungsbedürfnissen nach einem

tätigen Leben in Bewegung, nach Orientierung und Ordnung und nach Vervollkommnung der Sprache treten neue Sensibilitäten hinzu:
- das Bedürfnis nach Erweiterung des Aktionskreises;
- das Bedürfnis, die Vorstellungskraft zu üben, Kulturtechniken zu erwerben und Naturphänomene zu erforschen;
- und das Bedürfnis nach Orientierung in moralischen und sozialen Fragen.

1.2.1. Die Erweiterung des Erfahrungs- und Handlungsraumes

Während das Kind früher im engeren Bereich von Familie und Kindergarten gut aufgehoben war, will es nun seinen Handlungsspielraum erweitern. (9, 26 f) Der Schuleintritt ist ein Ereignis, das die Kinder als Fortschritt ihres Größerwerdens erleben. Groß werden heißt, selbständig werden. Die Kinder möchten allein zur Schule gehen und erwarten von den Eltern Hilfestellung und Ermutigung, dies auch zu tun. „Hilf mir, meine Arbeit allein zu tun." (5, 201) In diesem Sinn äußerte sich einmal ein Kind zu Maria Montessori, und dieser Satz ist zu einem Schlagwort der Montessori-Pädagogik geworden. Der erste Teil des Satzes: „Hilf mir..." erinnert daran, daß das Kind Erwachsene braucht, die ihm Orientierung und Anleitung geben. Der zweite Teil: „...meine Arbeit allein zu tun." mahnt daran, daß Erwachsene, nachdem sie Orientierung und Anleitung gegeben haben, wohl zunächst noch zurückhaltend beobachten, dem Kind aber dann den Freiraum und das Vertrauen geben sollen, selbst tätig zu werden. Umsichtige Eltern werden z. B. mit dem Kind den Schulweg abgehen, die Gefahrenpunkte aufzeigen und trainieren, wie man damit umgeht. Sie werden auch entscheiden, ob ihr Kind einen bestimmten, vielleicht langen und gefährlichen Schulweg schon selbst bewältigen kann oder ob es noch eine Weile begleitet werden muß. Eltern, die ihr Kind mit den Worten: „Paß nur ja auf!" auf den Schulweg entlassen, ohne vorher die „Arbeitstechnik" Schulweg eingeübt zu haben, sind zwar auch besorgt, ob ihr Kind heil zur Schule kommt, aber sie versäumen, dem Kind an Ort und Stelle zu zeigen, was denn „aufpassen" bedeutet. Sie versetzen es nicht in die Lage, umsichtig zu handeln. Eltern hingegen, die ihr Kind, obwohl es längst allein gehen könnte, auch nach Wochen noch bis zur Schule bringen, nehmen zwar die Hilfe sehr ernst, versagen dem Kind aber in diesem Bereich das Selbständigwerden.

Die Einrichtung „Schule" bedeutet nicht nur eine Erweiterung des räumlichen Umfeldes, sondern auch eine Erweiterung der sozialen Kontakte. Das Kind lernt viele neue Kinder kennen, zu denen es in Beziehung treten will oder muß. Mit Begeisterung erlebt es neue Freundschaften, mit Enttäuschung erlebt es das Zerbrechen alter Beziehungen. „Hilf mir, neue Kontakte zu finden oder zerbrochene Beziehungen zu verkraften", bedeutet für die Eltern, die bei den entsprechenden Situationen in der Schule ja nicht anwesend sind, sondern sie nur durch die subjektive Schilderung der Kinder kennen, nicht, daß sie nun ihrerseits tätig werden, um für die Kinder Kontakte herzustellen. Es bedeutet in erster Linie, zuzuhören und sich einzufühlen, wenn ein Kind die Schulerlebnisse erzählt. Es zu ermuntern, über Lösungsmöglichkeiten nachzudenken und diese auszuprobieren. Erneut zuzuhören, ob die gefundenen Lösungen erfolgreich waren.

Ein Beispiel: Anna fuhr zum ersten Mal allein mit Bahn und Bus nach Hause. Auf dem Weg von der Haltestelle zum Haus verstellte ihr ein etwa gleichaltriger Nachbarjunge den Weg und bedrohte sie. Ich schlug ihr vor, daß ich mit den Eltern des Jungen darüber reden könnte. Das wollte sie aber nicht, weil sie befürchtete, daß er sich später rächen würde. Ich hatte gerade in einem Elternratgeber gute Ratschläge für ähnliche Fälle gelesen und wandte einen Rat davon jetzt an: „Du darfst deine Angst nicht zeigen. Halte dich ganz gerade, wenn du ihn siehst. Mach dich groß. Denk nicht daran, daß er dir etwas tun will, sondern nimm dir vor, laut zu schreien und zu kämpfen, wenn er dir wirklich etwas tun will. Wenn du laut schreist und kämpfst, wird er auch Angst kriegen und weglaufen." Am nächsten Tag kam Anna freudestrahlend ins Haus. „Es hat geklappt", rief sie, „es hat wirklich geklappt! Und weißt du, was das Schönste ist? Er war gar nicht da!" Ich mußte lachen, habe aber erst später begriffen, woher Annas gute Laune kam: Sie hatte einen Weg gefunden, mit ihrer Angst fertig zu werden. Wenn diese Geschichte auch positiv endete, so wird in anderen Fällen ein Gespräch mit den Eltern unumgänglich sein.

Das Bedürfnis nach Erweiterung des Aktionskreises betrifft natürlich nicht nur Schule und Schulweg. Es betrifft die Orientierung in der Nachbarschaft, das Erkunden der Familien neu gewonnener Freunde oder die Beteiligung in einer Kinder- oder Jugendgruppe. Stets braucht das Kind dabei Eltern, die ihm Hilfestellung geben und die es, wenn auch nicht mehr immerzu körperlich, so doch gedanklich begleiten.

1.2.2. Der Erwerb der Kulturtechniken und das Erfassen von Naturphänomenen

Das Grundschulkind freut sich auf die Schule, weil es lernen will. Es will rechnen, schreiben und lesen lernen und damit die Welt der Erwachsenen erobern. In gleicher Weise möchte es die Vorgänge der Natur erforschen und verstehen. Seine Vorstellungskraft entwickelt sich. Es befaßt sich jetzt mit Dingen, die es nur noch gedanklich bewegen, aber nicht mehr handgreiflich erfassen kann: mit dem Weltall und der Raumfahrt, mit der Entstehung der Erde, mit den Dinosauriern und den Steinzeitmenschen. Es fragt nach dem Warum und Woher und nach den Beziehungen, die die Dinge dieser Welt miteinander haben.

Das Kind befindet sich in einer Entwicklungsphase, die besonders fruchtbar dafür ist, das Fundament für Bildung zu legen – oder aber eine Abwehr gegen alles, was „Lernen" heißt, zu entwickeln. Denn nicht nur die Lehrinhalte selbst sind wichtig, sondern auch die Art und Weise ist es, wie das Kind in die Welt der Bildung eingeführt wird. Es kann diese als Beglückung erfahren oder als Quelle der Enttäuschung. Deswegen sind die Lehr- und Unterrichtsmethoden, das Verhalten der Lehrer und Lehrerinnen und die Gestaltung der schulischen Räume als Vorbereitete Umgebung für Schulkinder von entscheidender Bedeutung.

1.2.3. Die Suche nach Orientierung in moralischen und sozialen Fragen

Ähnlich, wie das Neugeborene und das Kleinkind nach Orientierung in seiner Umgebung strebt, sucht das Grundschulkind nach Orientierung in moralischen Fragen.

„So beschäftigt es sich jetzt stark damit, zu wissen, ob das, was es tut, gut oder schlecht getan ist. Das große Problem des Guten und Bösen tut sich vor ihm auf. Diese intensive Beschäftigung ist verbunden mit einer ganz besonderen inneren Sensibilität: dem Gewissen." (9, 29f)

Die Kinder reagieren feinfühlig auf Situationen, die nach moralischen Gesichtspunkten beurteilt werden müssen. Nach Streitigkeiten auf dem Schulhof z. B. wollen sie, daß die Lehrer ein Urteil darüber abgeben, wer richtig, wer falsch gehandelt hat. Sie entwickeln ein Verständnis für die Kompliziertheit der Beurteilung von Situationen. Sie erkennen, daß es nicht nur „richtig und falsch", „gut und böse" gibt, sondern daß „es in dieser Situation mit diesem Kind richtig war, diese bestimmte Handlung durchzuführen", daß aber die gleiche Handlung in einer anderen Situation falsch sein kann. Sie spüren, daß „Gerechtigkeit" nicht bedeutet „für alle das gleiche", sondern „jedem das Seine", daß es aber trotzdem für alle gültige Maßstäbe gibt. Sie suchen nach Orientierung, um sich in die Lage zu versetzen, „aus eigenen Kräften Gut und Böse zu unterscheiden" (6, 39) und auch darin unabhängig zu werden.

Die Regeln für das Zusammenleben von Menschen in einer Gemeinschaft werden bewußt wahrgenommen. Auch wenn die Kinder noch dazu neigen, für sich selbst Ausnahmen zu beanspruchen, gewinnen sie zunehmend die Einsicht, daß das in den meisten Fällen nicht geht. Ist die Lehrerin bzw. der Lehrer zunächst noch die wichtigste Person in der Klasse, so werden mit wachsendem Alter die Klassenkameraden genauso wichtig. Die Kinder schließen sich gern in Freundschaften oder Gruppen zusammen. Manchmal entstehen Banden, die sich gegenseitig bekämpfen. Begeistern die Kinder sich für gute Ziele, beginnen sie, sich für die Umwelt zu engagieren, oder sammeln für notleidende Kinder. In ihren Fragen nach Werten, für die es sich lohnt zu leben und zu kämpfen, suchen sie in den Eltern und Lehrern nach Vorbildern. Sie sehnen sich nach Personen, zu denen sie aufblicken und denen sie nacheifern können. Gleichzeitig sind sie sehr kritisch und überprüfen intuitiv, ob das tatsächliche Verhalten der Eltern und Lehrpersonen deren Forderungen und Worten entspricht.

Auch hier leistet die Schule Entscheidendes: Die Wertigkeit von Fleiß und Ehrlichkeit, von Anstrengung und Engagement und von positivem Sozialverhalten erfährt das Kind vor allem durch die Resonanz der Lehrkräfte und Eltern auf sein eigenes Arbeits- und Sozialverhalten. Wie gehen Lehrkräfte mit Kindern um, wie können sich Lehrer selbst für Lehrinhalte begeistern, wie zeigen sie Anerkennung, wie ihre Mißbilligung? All dies zeigt den Wertmaßstab, den sie an die Erziehung der Kinder legen und den die Kinder von ihnen übernehmen.

1.3. Konsequenzen für die Erziehung

Kinder sind aktive Personen, die die Zielrichtung ihres Lebens in sich tragen und dies durch ihren Willen und ihr Streben nach Unabhängigkeit äußern. Sie sind auf gute Eltern und Erzieher angewiesen, die ihnen Schutz und Anleitung geben und ihnen helfen, sich gesund zu entwickeln.

"Diese Auffassung verlangt von seiten des Erwachsenen eine größere Sorgfalt und schärfere Beobachtung der wahren kindlichen Bedürfnisse; als erste praktische Tat führt sie dazu, die geeignete Umgebung zu schaffen, in der das Kind handeln kann, um erstrebenswerte Ziele zu erreichen, um es so auf den Weg der Ordnung und Vervollkommnung seiner unbändigen Aktivität zu lenken." (2, 71)

An dieser Stelle wird deutlich, wie abhängig Erziehung von der Fähigkeit der Erwachsenen ist, die „wahren Bedürfnisse" des Kindes genau zu erkennen und die richtigen erzieherischen Konsequenzen daraus zu ziehen. Dieses Dilemma führt in der Praxis der Erziehung immer wieder dazu, daß Positionen in Frage gestellt und Eltern und Erzieher durch unterschiedliche pädagogische Lehrmeinungen und Diskussionen verunsichert werden. Da wir aber Positionen einnehmen müssen, um erziehen zu können, müssen wir darin eine innere Sicherheit gewinnen. Die Kinder brauchen Halt und Orientierung, und sie suchen diese im Erwachsenen. „Es ist für das Kind unerläßlich, die Sicherheit des Erwachsenen zu spüren." (9, 36)

2. Erzieher (Eltern, Erzieherinnen, Lehrer und Lehrerinnen)

2.1. Vorbereitung der Erzieher

2.1.1. Kenntnisse über das Kind

Kindheit ist ein Stadium der Menschheit,

> „*das sich vollkommen von dem des Erwachsenen unterscheidet. ... Das Kind trägt nicht die verkleinerten Merkmale des Erwachsenen in sich, sondern in ihm wächst sein eigenes Leben, das seinen Sinn in sich selbst hat.*" (3, 27)

Sinn der Kindheit ist es, die Anlagen der eigenen individuellen Persönlichkeit zur Ausformung zu bringen und ein Mensch zu werden, der sittlich und verantwortlich handeln kann. „Schöpferischer Wille drängt" das Kind „zur Entwicklung". (3, 27) Diese Entwicklung muß durch Erziehung unterstützt werden; sie läuft aber auch von seiten des Kindes nicht automatisch ab, sondern wird durch die Anstrengung des Kindes und die eigene Erfahrung erreicht; „sie ist die große Arbeit, die jedes Kind vollbringen muß..." (1, 184) Montessori betont in diesen Zitaten, daß Erziehung sowohl vom Kind als auch vom Erwachsenen Mühen und Anstrengungen erfordert.

Zur Ausbildung von Erziehern und Lehrern gehört die Entwicklungspsychologie des Kindes. Lehrer und Lehrerinnen an Montessori-Schulen absolvieren Studium und staatliche Prüfungen wie andere Lehrer auch. Zusätzlich erwerben sie in einem zweijährigen berufsbegleitenden Lehrgang („Montessori-Kurs") das Montessori-Diplom. Dieser Lehrgang umfaßt das Kennenlernen und Einüben der gesamten Materialien für Kinderhaus und Grundschule sowie die Auseinandersetzung mit den pädagogischen Erkenntnissen Montessoris durch Vorträge, Diskussion und Literatur. Der Kurs endet mit schriftlichen und mündlich-praktischen Prüfungen.

Eltern werden zum Erziehen nicht eigens ausgebildet. Sie greifen auf die Erfahrungen zurück, die sie mit ihren eigenen Eltern und Lehrern gemacht haben und ergänzen diese durch das, was sie lesen, diskutieren oder in Elternkreisen hören. Eltern, die auf überzeugende Erziehungserfahrungen mit den eigenen Eltern zurückgreifen können, sind oft sicherer in der Art, in der sie die eigenen Kinder erziehen, als solche, die die Erziehungsarbeit ihrer Eltern nachträglich ablehnen.
Die Kenntnisse über das Kind müssen durch die Praxis der Beobachtung ergänzt werden. Erst wenn wir das, was wir gelernt haben, auch als „wirklich wahr" entdecken, werden wir unsere Kenntnisse verinnerlichen und uns ganz danach richten können. Ferner werden wir das, was wir über die Psychologie des Kindes lernen, mit den Erinnerungen vergleichen, die wir selbst an die eigene Kindheit haben. Das bedeutet, daß der ganz persönliche Lebenslauf eines Erwachsenen Einfluß hat auf die Art und Weise, wie er Kinder verstehen und erziehen wird. Neben der Kenntnis der kindlichen Psyche ist also auch die Kenntnis der eigenen Psyche wichtig.

2.1.2. Kenntnisse über die eigene Person

Eltern haben Wunschvorstellungen, die sie auf ihre Kinder übertragen. Sie möchten z. B., daß ihre Kinder gesund und fröhlich, intelligent und einfühlsam werden und ihre Begabungen entfalten können. Neugeborene haben auch ihre Wunschvorstellungen von dem, was und wie sie einmal werden möchten. Nur können sie diese noch nicht äußern. Aber wir können unterstellen, daß das kleine Kind z. B. auch gesund und fröhlich, intelligent und einfühlsam werden und seine Begabungen entfalten möchte.

Die Schwierigkeit der Erziehung besteht darin zu erkennen, welchen Weg man gehen muß, um die positiven Erziehungsziele zu erreichen und seinem Kind gerecht zu werden. Ferner entstehen Schwierigkeiten zwischen Eltern und Kind, wenn die jeweiligen Wunschvorstellungen nicht in Einklang stehen.

Das kleine Kind liebt seine Eltern in einer Weise, die ihm eine Distanzierung von ihnen unmöglich macht. Seit frühesten Erdentagen spürt es zwar schon sein eigenes „Selbst", aber dieses „Selbst" ist in seiner Darstellung nach außen noch klein und schwach und deshalb in Gefahr, von den Eltern nicht erkannt zu werden. Das kleine Kind spürt jedoch sehr genau, wann sein „Selbst" in Gefahr ist, und wehrt sich dagegen. Daraus entstehen Konflikte, die vom Erwachsenen zu lösen sind und die ihm auferlegen, die Äußerungen seines kleinen Kindes genau zu beobachten, richtig zu interpretieren und entsprechend zu handeln. Erziehung ist also auch für Eltern, Erzieher und Lehrer ein Lernprozeß. Er läuft nie fehlerfrei ab, doch dürfen wir davon ausgehen, daß durch Liebe, Kenntnisse, Beobachtung und Einfühlsamkeit Erziehung gelingen wird.

Kenntnisse kann man erwerben; Beobachtung, Einfühlsamkeit und richtiges Handeln kann man nur in der tätigen Erziehung lernen. Voraussetzung ist die innere Haltung des Erwachsenen dem Kind gegenüber. Er muß sich stets bewußt sein, daß seine Kraft und Macht einerseits dem Kind Schutz und Geborgenheit geben, andererseits aber auch zum Verbiegen seiner Persönlichkeit führen können. Das bedeutet, er muß seine Macht dosieren und einschränken können, er muß sich in dem, was er tut, selbst in Frage stellen und ändern können.

„Wir müssen erzogen sein, wenn wir erziehen wollen." (5, 153) Aber Eltern, Erzieher und Lehrer stellen oft fest, daß sie durch ihre Kinder an alle „nicht erzogenen" Stellen ihres Wesens herangeführt werden. Das heißt, überall dort, wo wir noch mit uns selbst in Konflikten leben, werden wir unseren Kindern keine guten Erzieher sein. Hinzu kommt, daß sich auch Erwachsene in Entwicklungsphasen verändern. Typisch für junge Erwachsene ist es z. B., daß sie überkommene Ansichten und Ordnungen überprüfen und eventuell ablehnen und verändern. Es braucht Zeit, bis sich neue Ansichten gebildet und daraus zuverlässige neue oder neu erkannte überkommene Ordnungen gefestigt haben. Auch das kann zur Verunsicherung in der Erziehung führen. Wie im vorangegangenen Kapitel erklärt, brauchen kleine Kinder zuverlässige Ordnungsstrukturen, an denen sie sich orientieren können. Das Bedürfnis junger Erwachsener nach Veränderungen und das Bedürfnis kleiner Kinder nach gleichbleibenden Strukturen können miteinander zum Schaden der Kinder kollidieren. Auch zwischen älteren Erwachsenen und Schulkindern kann es auf Grund unterschiedlicher Bedürfnisse der Entwicklungsphasen zu Unstimmigkeiten kommen. So stehen Schulkinder der Welt, in die sie hineingeboren sind, offen und neugierig gegenüber, während ältere Erwachsene manchmal dazu neigen, neuere Entwicklungen allzu mißtrauisch zu beurteilen. Wir müssen fähig sein, dies zu erkennen, und unsere Selbstentwicklung und Selbsterziehung mit der Erziehung unserer Kinder in Einklang bringen.

2.1.3. Kenntnisse über die Welt

Erziehen und Lehren bedeutet auch, den Kindern Wege in die Welt zu öffnen. Wenn wir den Kindern helfen wollen, die Welt zu entdecken, müssen wir in der Lage sein, sie zunächst für uns selbst zu entdecken, um dann einen methodisch-didaktischen Weg zu finden, die Welt den Kindern zu öffnen.

„Der Lehrer steht einem Individuum gegenüber, das schon die Grundlage der Bildung erworben hat und begierig ist, auf ihr aufzubauen, zu lernen und tiefer in jeden Gegenstand des Interesses einzudringen. ...Er hat eine riesige Wissensmenge zuzubereiten, um den geistigen Hunger des Kindes zu stillen..." (6, 40f)

Wir alle wissen von der eigenen Schulzeit, daß jene Lehrer und Lehrerinnen, die die Liebe zu ihrem Fachbereich erfolgreich in ihren Unterricht einfließen lassen konnten, auch uns zu dieser Liebe befähigten.

Es genügt nicht, „daß die Lehrerin sich darauf beschränkt, das Kind zu lieben und es zu verstehen. Sie muß zunächst das Universum lieben und verstehen." (6, 121) Jeder Unterrichtsstoff war einmal begleitet von der Entdeckerfreude seiner Erfinder; denn alles, was wir lehren, ist von Menschen erst entwickelt oder entdeckt worden. Etwas von dieser Entdecker- und Anfangsfreude müssen Lehrer nachempfinden und weitergeben können. Sie müssen sich selbst als Teil des Universums sehen können, dazu bestimmt, auch den Kindern zu helfen, ihren Platz und ihre Aufgabe zu finden.

2.2. Die Aufgaben der Erzieher

2.2.1. Erzieher als „Diener des Geistes"

Montessori spricht vom Erzieher als einem „Diener des Geistes", dessen Aufgabe es ist, dem Kind dazu zu verhelfen, „von sich aus zu handeln, zu wollen und zu denken". (1, 254) Diener des Geistes zu sein, heißt nicht, Diener des Kindes zu sein. (1, 25) Das wird von besonders eifrigen Eltern und Erziehern manchmal verwechselt. Unermüdlich sind sie damit beschäftigt, die Bedürfnisse ihrer Kinder wahrzunehmen und sich darum zu kümmern, diese zu befriedigen. Resultat einer solchen Erziehung sind die „Prinzen und Prinzessinnen"; als solche werden Kinder bezeichnet, die vor allem gelernt haben, nur sich selbst wichtig zu nehmen und andere Menschen für die Befriedigung ihrer Wünsche einzuspannen. Diese Kinder können nötige Entsagungen kaum ertragen und wollen für ihre Handlungen nur selten Verantwortung übernehmen.

„Diener des Geistes" oder „Diener der kindlichen Energien" zu sein bedeutet, daß wir das Kind dazu anleiten, seine Ziele durch *Eigentätigkeit* zu erreichen. Auch diese Aufgabe setzt viele Aktivitäten seitens der Erzieher voraus. Trotzdem spricht Montessori von der „Passivität" des Erziehers, um zu verdeutlichen, daß die eigentliche Aufbauarbeit durch das Kind geleistet wird.

„Dem Kind gehört der erste Platz, und der Lehrer folgt ihm und unterstützt es. Er muß auf seine eigene Aktivität zugunsten des Kindes verzichten. Er muß passiv werden, damit das Kind aktiv werden kann." (3, 40)

Wenn diese Sätze aus dem Zusammenhang genommen und die vielen speziellen Aufgaben des Erziehers nicht mitgenannt werden, können daraus völlig falsche Ansichten über die Rolle des Erziehers in der Montessori-Pädagogik entstehen. Montessori erinnert in diesem Zitat jedoch nur daran, daß die Aktivität des Erwachsenen das Kind an der selbsttätigen Erreichung seiner Ziele hindern kann und deshalb begrenzt werden muß.

Weiter heißt es nämlich:

„*Es handelt sich bei der Haltung des Erwachsenen dem Kind gegenüber um die Begrenzung des Einschreitens. Dem Kind muß geholfen werden, wo das Bedürfnis für Hilfe da ist. Doch schon ein Zuviel der Hilfe stört das Kind.*" *(3, 40)*

In ihrem Buch „Die Entdeckung des Kindes" beschreibt sie an einem Beispiel, was gemeint ist: In einem Kinderhaus hatten sich etliche Kinder um ein Wasserbecken versammelt, um Schwimmkörper zu beobachten. Auch ein zweieinhalbjähriger Junge drängte sich zwischen die Kinder, doch gelang es ihm nicht, sich einen Platz in der vorderen Reihe zu erobern. Also sah er sich nach einem Hilfsmittel um und entdeckte einen kleinen Kindersessel, den er sich „mit vor Hoffnung leuchtendem Gesicht" holen wollte, um darauf zu steigen. Aber bevor er sein Vorhaben ausführen konnte, wurde er schon von einer Erzieherin auf den Arm genommen, damit er sehen konnte, was im Becken zu sehen war. „Der Ausdruck von Freude, Sehnsucht und Hoffnung ... verschwand aus seinem Gesicht, und es blieb der dumme Ausdruck eines Kindes, das weiß, daß andere an seiner Statt handeln werden." (2, 61)

In diesem Fall ist die Hilfsbereitschaft der Erzieherin ein Fehler, der den Jungen daran hindert, seine geistigen und körperlichen Energien zu erziehen. Die Schwierigkeit, an richtiger Stelle „passiv" zu sein, besteht darin, eine Tugend wie die Hilfsbereitschaft der Selbstdisziplin zu unterwerfen. Das haben wir nicht gelernt, wurden wir doch immer zur Hilfsbereitschaft angehalten. Und die beschriebene Erzieherin hätte sicher ein schlechtes Gewissen gehabt, wenn sie dem Jungen nicht geholfen hätte.

Das Prinzip der Nichteinmischung kann auch übertrieben werden: Ein Vater, der seine beiden Töchter täglich einen längeren Schulweg mit dem Auto zur Schule brachte, schickte einmal seine Tochter mit den Worten in die Klasse: „Sie hat ihren Ranzen vergessen. Aber ich habe nichts gesagt, weil sie lernen muß, daran zu denken."

Nun war dieses Mädchen sehr gewissenhaft, und es war ihr furchtbar peinlich, ohne Ranzen zu kommen. Hätte sie in der Nähe der Schule gewohnt, wäre ihr auf dem Schulweg eingefallen, daß sie keinen Ranzen hat; sie wäre umgekehrt und hätte ihn geholt. In diesem Fall liefert der Vater seine Tochter einer Situation aus, die sie nicht selbst wieder in Ordnung bringen kann. So werden nur Ängste entwickelt, aber keine Kräfte gestärkt.

Die Unterscheidungsfähigkeit, wann man eingreifen und wann man sich zurückhalten muß, ist schwer und muß geübt werden. Montessori beschreibt die Reaktion ihrer Mitarbeiterinnen so:

„Als die Lehrerinnen es leid waren, sich meine Bemerkungen anzuhören, begannen sie, die Kinder all das tun zu lassen, was sie wollten: Ich sah einige mit den Füßen auf dem Tisch und dem Finger in der Nase, ohne daß die Lehrerinnen eingriffen, um sie zu korrigieren; ich sah, wie einige den Spielkameraden Stöße versetzten mit einem gewalttätigen Ausdruck im Gesicht, ohne daß die Lehrerin auch nur die geringste Bemerkung darüber verlor. Ich mußte in solchen Fällen geduldig eingreifen, um zu zeigen, mit welch unbedingter Strenge alle Handlungen zu verbieten und allmählich zu ersticken sind, die das Kind nicht tun soll, damit es klar zwischen Gut und Böse zu unterscheiden lernt." (2, 62)

Montessori spricht hier nicht nur von der Unterscheidung zwischen Gut und Böse im moralischen Sinn, sondern auch von der Unterscheidung zwischen guten und schlechten Manieren. Auch die Erziehung zu guten Umgangsformen war ihr ein Anliegen.

Die erzieherische Hilfe des Erwachsenen besteht also weder darin, an Kindes statt zu agieren, noch es ziellos gewähren zu lassen, sondern ihm Wege aufzuzeigen, selbständig und sinnvoll tätig zu sein. Als erstes ist es nötig, dem Kind eine Umgebung vorzubereiten, in der es anregende Aufgaben für seinen Aktivitätsdrang findet.

2.2.2. Die Vorbereitung der Umgebung

Da Kinder in einer Welt leben, die für die Bedürfnisse der Erwachsenen eingerichtet ist, finden sie nicht genügend Zeit und Raum, um ihre Entwicklungsbedürfnisse zu befriedigen, denn die Arbeitsweise eines kleinen Kindes ist vollkommen verschieden von der Arbeitsweise des Erwachsenen. Für ein Kind sind die Dinge in der Außenwelt Mittel zur Bildung seiner Persönlichkeit. (3, 32) Deswegen ist es Aufgabe von Eltern und Erziehern, Kindern eine Umgebung zu schaffen, in der sie altersentsprechend tätig sein können. Auch wenn die Kinder älter werden und sich ihre Arbeitsweise mehr und mehr der Arbeitsweise der Erwachsenen nähert, brauchen sie Zeit und Raum, um nach ihren Entwicklungsbedürfnissen leben, arbeiten und spielen zu können.

Die Vorbereitete Umgebung zu Hause muß den Bedürfnissen von Eltern und von Kindern unterschiedlicher Entwicklungsstufen entsprechen. Schulkinder brauchen einen Platz, an dem sie ungestört Hausaufgaben machen können. Die Schulsachen sollten so aufbewahrt sein, daß Kleinkinder sie nicht erreichen können. Je enger die Wohnung ist, um so findiger muß man nach Möglichkeiten suchen, wichtigen Entwicklungsbedürfnissen Raum zu geben. Eine Mutter kam z. B. auf die Idee, die sechsjährige Tochter, die Hausaufgaben machen sollte und vom kleinen Bruder immer gestört wurde, mitsamt Kindertisch und Kinderstuhl in den Laufstall zu setzen, den Laufstall in eine Ecke zu schieben und festzubinden. Die Tochter setzte sich in die äußerste Ecke und war nun für den eineinhalbjährigen Bruder, der nichts lieber tat, als sich am Tisch hochzuziehen und nach dem Mäppchen zu greifen, nicht mehr zu erreichen. Er selbst aber konnte seinen Bewegungsbedürfnissen gemäß im Zimmer herumkrabbeln.

In der Grundschule muß der Klassenraum für die unterschiedlichen Aktivitäten der Kinder eingerichtet werden. In den meisten Fällen werden sich die Lehrer und Lehrerinnen nach den engen räumlichen Möglichkeiten bestehender Schulen richten müssen, anstatt nach pädagogischen Erwägungen. Klassenräume wurden in den meisten Fällen unter dem Gesichtspunkt erbaut, daß die Kinder an Tischen sitzen und dem Lehrer, der unterrichtet, zuhören. Für die Aktivitäten lernender Kinder müßten Klassenräume mit verschiedenen Unterteilungen oder Kleingruppenräumen ausgestattet sein, damit Arbeiten, die Ruhe erfordern, Arbeiten, die Gespräche erfordern, oder Arbeiten, die Versuchscharakter haben, adäquat durchgeführt werden können. Da solche Räume in den meisten Fällen fehlen, behilft man sich mit der Einrichtung von Arbeitsecken und -nischen oder benutzt den Flur als Arbeitsraum.

Im Klassenraum finden die Kinder in Regalen und Schränken ein Angebot an sorgsam ausgesuchten Arbeitsmitteln. Montessori bezeichnet ihre Arbeitsmittel als „Entwicklungsmaterial", das die Aufgabe hat, „die inneren Energien" (7, 86) des Kindes zur Entfaltung zu bringen. Bei der Auswahl von Arbeitsmitteln für die Grundschule kommt es also nicht nur darauf an, daß sie geeignet sind, Wissen zu vermitteln, sondern auch darauf, daß sie dem Kind die Möglichkeit bieten, selbständig und entdeckend tätig zu werden. Das Material muß bestimmte Kriterien erfüllen, wenn es den Selbsterziehungsprozeß des Kindes unterstützen soll (vgl. Kapitel 5). Lehrerinnen und Lehrer müssen eine klare Vorstellung von den Zielen der Freiarbeit haben, um Material auswählen, ergänzen oder selbst herstellen zu können.

Ferner müssen sie die Handhabung der Arbeitsmittel genau kennen und in der Lage sein, sie so darzubieten, daß sie im Kind ein tiefes Verständnis wecken. (2,168f) In der staatlichen Lehrerausbildung wird auf die praktische Seite des Lehrerberufes zu wenig Wert gelegt. Daß man mit Arbeitsmaterial didaktisch richtig und sachgemäß umgehen kann, wird einfach vorausgesetzt. In den Montessori-Kursen wird dies intensiv geübt, was bei Lehrern und Lehrerinnen manchmal Unwillen hervorruft. Erst in der täglichen Praxis mit den Kindern merkt man, daß durch genaue Handhabung eines Arbeitsmaterials der Weg zum Verständnis geöffnet und durch unsichere oder fehlerhafte Handhabung der Weg zum Verständnis erschwert werden kann.

So wie Lehrer und Lehrerinnen die Handhabung der Arbeitsmittel sachgerecht einführen sollen, so sollen sie auch vom Kind sachgerecht ge-

Die Aufgaben der Erzieher | 33

braucht werden. Darum gehört es zu den Aufgaben der Lehrpersonen, die Kinder zum sachgemäßen Gebrauch anzuleiten. Mißbräuchliche Benutzung des Materials führt zu Willkür und hindert das Kind daran, die innewohnende Struktur zu erkennen und zu gelungenen Arbeitsergebnissen zu kommen.

Im Zusammenhang mit der Forderung nach der genauen Handhabung des Materials wird manchmal der Vorwurf erhoben, die Kreativität werde unterbunden. Das Beispiel von Hammer und Nagel kann verdeutlichen, was gemeint ist: Die beste Art, einen Nagel in die Wand zu schlagen, ist es, dazu einen Hammer zu benutzen. Statt des Hammers eine Zange oder einen Stein zu benutzen, zeugt nicht von Kreativität, sondern von Unkenntnis oder vom Fehlen eines Hammers. Aber es gibt sicher verschiedene Geschicklichkeiten, einen Nagel mit dem Hammer einzuschlagen, und diese unterschiedlichen Wege oder Geschicklichkeiten sollte man auch beim Unterrichten nutzen.

Sachgerechter Umgang mit Material schließt Fehlerhaftigkeit in der Durchführung nicht aus. Man muß unterscheiden können zwischen den Fehlern, die den normalen Lernprozeß begleiten und vom Kind selbst durch Wiederholung der Übung überwunden werden, und den Fehlern, die durch falschen Gebrauch des Materials entstehen. Martina rechnet z. B. mit den kleinen blau-roten Stangen Additionen im Zehnerbereich. Die Lehrerin sieht, daß viele Ergebnisse falsch sind, und sie beobachtet, daß Martina beim Zählen der abwechselnd blauen und roten Abschnitte Fehler macht: Handbewegung und Zählen stehen nicht im Einklang; die Hand, mit der sie die blauen und roten Abschnitte berührt, gleitet schneller über die Abschnitte, als Martina dazu zählt. Die Lehrerin muß mit Martina zunächst noch einmal das koordinierte Abzählen üben, ehe Martina mit dem Material richtig rechnen kann. Auch Uwe rechnet falsch, weil er das Material ungeordnet benutzt. Auf seinem Tisch liegen die blauroten Wendeplättchen, das sind kleine Chips, wie man sie vom Flohspiel kennt; sie sind auf der einen Seite rot und auf der anderen blau. Wenn Uwe 4 + 5 rechnet, so legt er zwar richtig vier und fünf Plättchen hin, aber weil er die Plättchen der vorhergehenden Aufgabe nicht wegräumt, sondern nur zur Seite schiebt, entsteht schließlich eine Unordnung, die zu fehlerhaften Ergebnissen führt; denn Uwe kann nicht mehr erkennen, welche Plättchen zu der gerade gerechneten Aufgabe gehören. Anders Laura. Sie rechnet auch Additionen im Zehnerbereich, und zwar mit den bunten Perltreppchen; das sind auf Draht aufgereihte Perlen, die die Zahlen von eins bis neun darstellen. Auch in Lauras Ergebnissen sind Fehler, aber die Lehrerin sieht, daß Laura beim Zählen Sprechen und Handbewegung gut koordiniert und die Perltreppchen geordnet hinlegt. In diesem Fall hält die Lehrerin sich zurück, um den Konzentrationsprozeß beim Rechnen nicht zu stören. Sie weiß, daß Laura durch wiederholte Übung im Rechnen sicherer wird. In den beiden ersten Fällen greift die Lehrerin jedoch ein, um die fehlerhafte Durchführung der Arbeit zu beenden und den Kindern noch einmal die genaue und geordnete Handhabung des Materials zu zeigen. (2, 172 f)

2.2.3. Orientierung durch Autorität

Wie in den vorherigen Abschnitten schon deutlich wurde, ist es nicht die Vorbereitete Umgebung allein, die dem Kind hilft, sinnvoll tätig zu werden. Die Umwelt muß von Erwachsenen „belebt" (5, 201) sein, die durch die Ausstrahlung ihrer Person eine „geistige Umgebung" schaffen. Das Kind braucht Menschen, die ihm Orientierung geben, und zwar sowohl im praktischen Tun wie im geistigen Leben.

„Die Erzieherin und die Kinder sind keineswegs Gleichgestellte. Es sind genug Kinder in der Klasse, als daß die Erzieherin ein Kind unter den Kindern werden müßte. Sie brauchen kein weiteres Kind, sie brauchen einen würdigen, reifen Menschen. Die Kinder müssen die Erzieherin wegen ihrer Bedeutung bewundern. Wenn keine Autorität für sie da ist, so haben die Kinder keine Orientierung." (8, 27)

Eltern und Lehrer führen die Kinder in eine Wertordnung ein, teils durch die Ausstrahlung ihrer Person, teils durch die Regeln, die sie aufstellen und für deren Einhaltung sie verantwortlich sind. Grundschulkinder, die sich in der sensiblen Periode der Gewissensbildung befinden, sind besonders an moralischen Fragen und Antworten interessiert; diese Antworten werden weniger durch Erklärungen als durch tätige Umsetzung in der Wirklichkeit der Familie und der Schule gegeben. Eltern und Lehrer müssen bereit sein, diese Rolle der beispielgebenden Führungskraft zu übernehmen, und Denken und Handeln in Einklang bringen. Kinder spüren sofort, ob jemand die verlangte Wertordnung selbst „lebt" oder nur von anderen fordert.

Die Fähigkeit der Lehrer und Lehrerinnen, Autorität oder Führer zu sein, kann je nach Kind sehr unterschiedlich angefordert werden. Tim ist z. B. ein Junge mit sehr dominanten Eigenschaften. In jeder Partner- oder Gruppenarbeit, bei jedem Sportspiel will er der Führer sein und verlangt von seinen Mitschülern Unterordnung und Anerkennung seiner Führerqualitäten, die er zweifelsohne hat. Aber im Eifer von Arbeit und Spiel will er andere Menschen zu Untergebenen machen, die ihm zu folgen haben. So bleibt es nicht aus, daß es häufig zu Konflikten und auch handgreiflichen Auseinandersetzungen kommt, die nur noch mit Hilfe der Lehrerin zu schlichten sind. Der Lehrerin gegenüber zeigt er insgesamt Respekt, sofern sie in dem, was sie tut, sicher, konsequent und gerecht ist. Es ist offensichtlich, daß er ihre Sicherheit und Stärke deutlich spüren muß; daß er es braucht, einen „Leitwolf" zu haben, der ihm, bildlich gesprochen, ins Fell beißt, wenn er sich nicht an die Regeln hält.

Anders jedoch Alina. Alina trägt ihre Wünsche immer leise und stokkend vor, jederzeit bereit, auf ihre Wünsche zu verzichten, falls sie der Lehrerin lästig fallen sollte. Im Gespräch mit Alina muß die Lehrerin ihre Führungsqualitäten ganz anders einsetzen. Sie muß nun geduldig zuhören, bis Alina zu Ende gesprochen hat, und sie in dem, was sie will, ermuntern und bestätigen. Jetzt ist nicht mehr der „Leitwolf" gefragt, sondern eher die liebevolle Mutter, der sich das Kind anvertrauen kann und die ihr Mut macht, sich durchzusetzen.

Der bewußte und disziplinierte Einsatz von Macht, wie er bei Kindern wie Tim notwendig ist, fällt manchen Eltern und Lehrern schwer. Sie befürchten, einem Kind durch ihr Verhalten Schaden zuzufügen, und hoffen, daß das entsprechende Kind schon „von allein" oder „mit der Zeit" zu einem sozialverträglichen Verhalten kommen wird. Sie verkennen, daß es bei diesen Kindern nicht an der Einsicht fehlt. Kinder wie Tim loten durch ihre Kampfeslust und ihr Dominanzverhalten Grenzen aus und suchen im Verhalten ihrer Opfer und ihrer Erzieher nach einer Antwort, und zwar nach einer Antwort durch Handlung, nicht durch Diskussion. Unterbleibt diese, so steigert sich die Kampfeslust, und das Kind lernt nicht, seine Aggressionsbereitschaft für sinnvolle Ziele einzusetzen, sondern gewinnt Lust an destruktiven Handlungen. (Vgl. 16, 550) Wie oben schon einmal gesagt, fordert Maria Montessori von Lehrern und Lehrerinnen eine klare Unterscheidungsfähigkeit zwischen Handlungen, die zu erlauben, und Handlungen, die zu verbieten sind. (2, 17 f.) Das bedeutet, daß Erzieher eindeutige Grenzen setzen und in bestimmten Situationen oder bei bestimmten Kindern auch strafen müssen. Ein Beispiel: Die etwa vierjährige Julia baut mit Holzklötzen einen Turm, und als dieser fertig ist, schlägt sie ihn mit kräftigen Handbewegungen um, so daß die Klötze polternd auf den Boden fallen. Die Mutter schaut Julia mißbilligend an und schüttelt den Kopf. Julia sammelt mit schuldbewußtem Gesicht die Klötze wieder ein und baut den Turm – sozusagen als Wiedergutmachung – besonders ordentlich und gerade aufeinander. Julia hat verstanden: Zerstörerisch soll sie mit einem Spielzeug nicht umgehen. Anders Paula: Auch sie baut den Turm und stößt ihn absichtlich um. Wieder schaut die Mutter mißbilligend und schüttelt den Kopf. Aber Paula dreht ihr den Rücken zu, baut den Turm schnell wieder auf und schlägt ihn noch kräftiger um. Nun reagiert die Mutter wirklich ärgerlich: „Jetzt ist aber Schluß!" sagt sie fest. „Ich will auf keinen Fall, daß du so mit den Klötzen umgehst!" Nehmen wir an, daß die lauten und ärgerlichen Worte bei Paula helfen, ihrer Zerstörungslust Einhalt zu gebieten, so müßte sie vielleicht ihren Christian für eine kurze Weile aus dem Zimmer schicken oder ihm die Klötze wegnehmen oder sonst etwas tun, um ihm klar zu zeigen: so nicht!

Auch in der Schule bleibt es keiner Lehrerin und keinem Lehrer erspart, der Zerstörungslust Grenzen zu setzen und die Kampfeslust in sinnvolle Bahnen zu lenken. Die deutlichste Grenze für Kinder ist die Sicherheit, die durch die Autorität der Lehrer gegeben ist. Diese Rolle, „Autoritätsperson" zu sein, muß man bewußt annehmen und damit Abschied nehmen von der Vorstellung, stets in Harmonie mit seinen Kindern leben zu können. Wenn ich Jonathan „Pausenverbot" verordne, weil er in der letzten Pause einem Kind in den Bauch getreten hat, oder Lea von ihrer liebsten Freundin wegsetze, weil sich beide zusammen einen Spaß daraus machen, andere Mädchen zu ärgern, dann fühle ich mich nicht gut. Dann ist die Lehrerrolle anstrengend und unerfreulich. Aber noch unerfreulicher wird es, nicht rechtzeitig zu handeln und damit Kinder zu ermutigen, ihren destruktiven Tendenzen freien Lauf zu lassen.

Zu den Grenzen gehört auch die Freiheit, nämlich die Freiheit für alle sinnvollen Aktivitäten. Die Vorbereitete Umgebung ermöglicht es den Kindern, sich frei zu bewegen, die Arbeiten frei zu wählen und dadurch Interessen und Entwicklungsbedürfnisse frei zu äußern. Zu Hause ist es Aufgabe der Eltern, in der Schule die Aufgabe der Lehrer, diese Freiheit zu gewähren und zu ihr zu ermuntern.

2.2.4. Gewährung von Freiheit

Als Gewährer von Freiheit müssen Lehrer und Lehrerinnen in der Lage sein, sich zurückzuhalten und ihre Macht und ihre eigenen Zielvorstellungen zu begrenzen. Es ist für ein Kind schwer, sich nach eigenen Vorstellungen zu entscheiden, wenn es spürt, daß die Lehrerin „eigentlich" von ihm andere Dinge erwartet, als es selber wählen möchte. Das kann z. B. der Fall sein, wenn ein Kind schwache Leistungen in einem Fach zeigt und die Lehrerin unausgesprochen der Ansicht ist, daß die Freiarbeit vor allem zur Förderung seiner schlechten Leistungen in diesem Fach dient, während das Kind sich viel lieber mit vollem Interesse anderen Arbeiten zuwenden möchte. In diesem Fall ist die Entscheidungsfreiheit des Kindes zu respektieren. Die Lehrerin kann zwar mit dem Kind besprechen, wann es begrenzt und sinnvoll dosiert auch in der Freiarbeit an bestimmten Übungen arbeitet, aber diese Übungen dürfen nie so viel Zeit in Anspruch nehmen, daß das Kind den Eindruck erhält, „seine eigenen" Arbeiten nicht mehr verwirklichen zu können. Auch wenn ein Kind z. B. viel umständlicher arbeitet, als es nach Ansicht der Lehrerin nötig wäre, kann genau dies der richtige Weg für dieses Kind sein.

Das Gewähren von Freiheit verlangt von Eltern und Lehrpersonen ein sicheres Unterscheidungsvermögen der kindlichen Aktivität und Willensäußerung.

„*Die wahre Grundlage für die Wirkung der Lehrerin liegt darin, zwei Arten der Tätigkeit unterscheiden zu können, die beide den Anschein von Spontaneität haben. Denn in beiden Fällen handelt das Kind mit seinem eigenen Willen, aber sie haben eine ganz entgegengesetzte Bedeutung. Nur wenn die Lehrerin ein Unterscheidungsvermögen erlangt hat, kann sie Beobachter und Führer werden.*" (1, 238)

Woran aber soll man die zu unterstützenden Tätigkeiten erkennen? Die zu unterstützende Tätigkeit des Kindes führt zur Konzentration auf eine Sache, zu Disziplin und geistiger Freude an der Arbeit; die zu unterbindenden Aktivitäten des Kindes führen auf Dauer zur Zersplitterung der Kräfte und zur Abwehr von Arbeit und Anstrengung. Viele Kinder möchten in der Freiarbeit z. B. gerne malen. Grundsätzlich ist das Malen eine ebenso achtenswerte Arbeit wie Schreiben oder Rechnen. Aber man macht als Lehrerin bestimmte Erfahrungen, die dazu führen, den Wunsch nach Malen in der Freiarbeit einzuschränken. Wenn Stefan, ein Erstkläßler, malen will, so hat er eine Idee, die er umsetzen möchte. Er interessiert sich z. B. für Dinosaurier und möchte nun einen bestimmten Saurier zu Papier bringen. Während er malt, ist er still und konzentriert und kann anschließend zu seinem fertigen Bild eine ganze Geschichte erzählen. Wenn hingegen Max malen will, so hat er offensichtlich ein anderes Ziel: Es entbindet ihn von der Anstrengung, sich für eine Arbeit zu entscheiden, und er kann beim Malen das tun, was er nach Beobachtung der Lehrerin am liebsten tut, nämlich, sich ausgiebig zu unterhalten. Wenn Nina malen will, ist es oft ein Zeichen allgemeiner Lustlosigkeit und des Wunsches zu tun, was Stefan tut. Eine bestimmte Aktivität kann also bei dem einen Kind eine Arbeit sein, bei einem anderen eine Beschäftigung, die es erlaubt, einer Anstrengung auszuweichen.

2.2.5. Hinführung zur konzentrierten Arbeit

Die Kunst des guten Lehrers liegt darin, so lange aktiv und führend, ja „verführerisch" (1, 251) zu sein, bis eine anhaltende Beziehung zwischen Kind und Sache zustande gekommen ist, um sich dann, wenn dies geschehen ist, wieder zurückzunehmen und dem Kind die Aktivität vollkommen zu überlassen. Die Art und Weise, wie die Lehrer und Lehrerinnen ein Material einführen, wie gut sie erklären oder wie spannend sie erzählen können, hat Einfluß darauf, ob sich eine Sache für ein Kind erschließt, so daß es sich dafür begeistern kann.

Ein psychisch gesund entwickeltes Kind hat ein spontanes Neugierverhalten, das sich durch eine anregende Umgebung und eine anregende Lehrkraft leicht für eine Arbeit interessieren läßt. Es ist keine Seltenheit, daß bereits Erstkläßler zwei volle Schulstunden mit einer sie interessierenden Arbeit verbringen können, wenn sie sich frei dafür entschieden haben.

Schwieriger wird es bei Kindern, die ein gestörtes Arbeitsverhalten zeigen. Diese Kinder lassen sich schlecht motivieren; oder sie lassen sich schnell begeistern, halten eine Anstrengung aber nicht durch; oder sie sind so leicht ablenkbar, daß es kaum gelingt, ihre Aufmerksamkeit auf die Arbeit zu lenken. Die Lehrer müssen findig darin sein, auch diese Kinder auf den Weg der Konzentration zu bringen; wie, das ist ihre Sache. Montessori gibt dazu zwar Ratschläge (1, 242), aber keine „Rezepte". Sie weist darauf hin, daß dies der Entscheidung der Lehrer überlassen bleibt.

„Die Lehrerin muß ihr Material aus der Schule nehmen und ihre Prinzipien aus dem, was sie gelernt hat, und dann muß sie in der Praxis allein die Frage des Anrufs lösen. Nur ihre Intelligenz kann das Problem lösen, das in jedem einzelnen Fall unterschiedlich sein wird." (1, 242)

Montessori spricht vom „Anruf" und davon, daß der Anruf „an die Seele" gehen muß, damit diese „erwacht". (1, 242) Sie meint damit, daß es nicht genügt, ein Kind oberflächlich an die Arbeit zu bringen, sondern daß das Kind für seine Arbeit ein tiefes Interesse entwickeln muß, wenn sich sein gestörtes Arbeitsverhalten nachhaltig verändern soll. In der schulischen

Praxis stellen wir fest, daß dies trotz großer Mühen der Lehrer nicht in jedem Fall gelingt. Wir stellen aber auch fest, wie reich und nachhaltig sich die Interessen und die Lernbereitschaft von Kindern entwickeln, die die Anregungen der Lehrer und Lehrerinnen aufnehmen und nutzen können.

2.2.6. Schutz der konzentrierten Tätigkeit

In dem Moment, in dem sich das Kind einer Sache konzentriert zuwendet, muß sich der Lehrer konsequent zurückhalten und das Kind ganz in Ruhe lassen. Ein Wort, ein Ratschlag, ja sogar ein Lob sind geeignet, die beginnende Konzentration zu stören und das Kind von seinem gerade gefundenen Weg wieder abzubringen. Montessori erwartet von allen erziehenden Personen eine „disziplinierte Liebe" (1, 253), die erkennt, wann die Grenzen ihres Handelns gekommen sind. Die Arbeit eines Kindes ist auch sein Erfolg, und die Aktivität der Lehrer ist in diesem Moment beendet. Wenn ein Kind trotzdem beobachtet werden soll, so muß die Beobachtung sehr feinfühlig sein und so durchgeführt werden, daß das Kind sie nicht bemerkt. Auch Erwachsene können nicht gut arbeiten, wenn sie sich beobachtet fühlen. Die Nichteinmischung bezieht sich also auf das gesamte Verhalten des Lehrers oder der Lehrerin. Nun ist es nur noch deren Aufgabe, das Kind arbeiten zu lassen und es vor Störungen zu schützen.

Dieser Schutz der konzentrierten Tätigkeit des Kindes verlangt von Lehrern und Lehrerinnen eine dauernde Selbstdisziplin. Diese besteht darin, alle Regeln, die für Freiarbeit und Klassenunterricht gelten, selbst einzuhalten. Auch Lehrer und Lehrerinnen dürfen während der Freiarbeit nur leise sprechen; sie dürfen die Kinder nicht mit einem plötzlichen: „Kinder, hört mal alle her..." aus der Arbeit reißen, sondern müssen einen Zeitpunkt abwarten, der für eine allgemeine Anweisung günstig ist. Wenn es wirklich nötig ist, alle Kinder der Klasse anzusprechen, so müssen sie dies in ruhiger Weise tun und den Kindern Zeit geben, sich von den eigenen Gedanken zu lösen und sich auf die nun folgenden Anweisungen oder Erklärungen einzustellen.

2.2.7. Bestätigung und Anerkennung

Wenn die Phase konzentrierter Arbeit vorbei ist, kann es durchaus sein, daß das Kind seine Arbeit anderen Kindern oder der Lehrerin bzw. dem Lehrer zeigen möchte und nach Bestätigung verlangt. (1, 247 f) Dies ist der Zeitpunkt für Lob und Anerkennung durch die Lehrperson; sie zeigt ihre Freude an der gelungenen Arbeit des Kindes und nimmt dadurch persönliche Anteilnahme an dem, was das Kind tut.
Auch Hinweise auf notwendige Korrekturen können nun, nach getaner Arbeit, erfolgen.

2.3. Rückwirkung auf die Erzieher

Die Arbeit mit Kindern hat Rückwirkungen auf die Erzieher. Einmal kann das, was wir lehren, aufregend und neu bleiben, wenn wir lernen, es immer wieder mit der Entdeckermentalität von Kindern zu sehen. Zum anderen gewinnt man tiefere Erkenntnisse über das Wesen der Kindheit, dem Werden des Menschen und der überraschenden Vielfalt an individuellen Möglichkeiten, die zum Gewinn nicht nur der einzelnen Person, sondern auch der menschlichen Gemeinschaft werden, wenn man „die geistigen Energien" (1, 25) des Kindes zuläßt und ihnen zur Verwirklichung verhilft. (1, 255)

2.4. Zusammenarbeit von Eltern und Lehrern

Es wird oft gefragt, ob es an Montessori-Schulen eine besondere, von anderen Schulen abweichende Art der Zusammenarbeit zwischen Eltern und Lehrern gibt. Dazu ist folgendes zu sagen: Die wichtigste Form der Zusammenarbeit von Eltern und Lehrpersonen ist das Erziehen nach den gleichen pädagogischen Prinzipien, wie sie in diesem Buch beschrieben werden. Nun werden die meisten Eltern, die ihr Kind in einer Montessori-Schule anmelden wollen, keine vertieften Kenntnisse über Montessori-

Pädagogik haben. Aber es wird erwartet, daß Eltern an den Informations- und Elternabenden teilnehmen, in denen über die Arbeit in der Schule und in der Klasse berichtet wird. Und wenn eine Schule Informationsschriften über ihr Schulprofil hat, so sollten diese auch gelesen werden. Die Teilnahme an den Elternsprechtagen oder anderen Einzelgesprächen muß selbstverständlich sein. Dabei ist es nicht nur für die Eltern wichtig, etwas über die schulische Arbeit ihres Kindes zu erfahren, sondern auch für die Lehrer und Lehrerinnen, die häuslichen Verhältnisse und die Entwicklung des Kindes in der Familie kennenzulernen. In diesen Einzelgesprächen, in denen es immer konkret um ein bestimmtes Kind geht, können bestimmte pädagogische Prinzipien gezielt erklärt werden. So wird man z. B. in dem einen Gespräch das pädagogische Prinzip der Entwicklungsfreiheit so erklären, daß besonders die notwendigen Begrenzungen betont werden. Und in einem anderen Gespräch mit anderen Eltern wird man vielleicht das gleiche Prinzip so deuten, daß man zu mehr Freiheit ermuntert.

Darüber hinaus brauchen Kinder die Hilfen, die allgemein für die schulische Arbeit gelten. Viele Kinder möchten z. B. bei den Hausaufgaben Vater oder Mutter in der Nähe wissen, sei es, daß sie bestätigt haben wollen, was sie schon wissen, sei es, daß sie etwas erklärt haben möchten. Einige Kinder brauchen die regelmäßige Unterstützung der Eltern, wenn es um die Ordnung im Ranzen, im Mäppchen, bei Heften und Schulbüchern geht. Kinder, die elterliche Zuwendung bei schulischen Aufgaben erfahren, spüren, daß die Eltern „Schule" auch wichtig nehmen. Das hilft den Kindern, sich auf Anforderungen einzustellen.

Auch gesamtschulische Aktivitäten wie Schulfeste, Projektwochen usw. können ohne Mitarbeit der Eltern nicht durchgeführt werden. Lehrer und Lehrerinnen sollten aber bei allen Aktivitäten, bei denen sie auf die Mithilfe der Eltern angewiesen sind, daran denken, daß Eltern durch Beruf und Familie wenig Zeit haben, zusätzliche Aufgaben zu übernehmen.

2.5. Schulleitung und Kollegium

Das Kollegium einer Schule muß eine einheitliche pädagogische Basis haben, wenn es die schulische Arbeit überzeugend gestalten will. In einer Montessori-Schule wäre es untragbar, wenn Kollegen oder Kolleginnen sich nicht auf die erzieherischen und didaktischen Prinzipien der Montessori-Pädagogik einstellen würden. Es kommt zwar relativ oft vor, daß Lehrer oder Lehrerinnen einer Montessori-Schule zugewiesen werden, ohne daß sie das Montessori-Diplom besitzen, aber dies ist kein Problem, wenn bei den entsprechenden Kollegen die innere und äußere Bereitschaft vorhanden ist, sich einarbeiten zu lassen, bei nächster Gelegenheit am Montessori-Kurs teilzunehmen und das Diplom zu erwerben.

Die Prinzipien für die Erziehung der Kinder gelten auch für Erwachsene: Auch Lehrer und Lehrerinnen müssen innerhalb der geistigen und räumlichen Vorbereiteten Umgebung ihrer Schule Entscheidungsfreiheit haben, wenn es um die spezielle Ausgestaltung ihres Klassenraumes oder ihrer Arbeit geht. Das bedeutet für Schulleiterinnen und Schulleiter, daß sie einen kollegialen Führungsstil pflegen und Unterschiede zulassen. Wichtig ist, daß man das, was man tut, gut durchdacht hat und überzeugend begründen und ausführen kann.

3. Die Klasse

3.1. Die Kindergruppe

Wenn ein Kind in die Schule kommt, ist seine soziale Kompetenz bereits gut entwickelt, sofern es Gelegenheit hatte, in Familie und Kindergarten viele Erfahrungen mit anderen Kindern zu machen. Im Laufe der Grundschulzeit erhält jedoch die Gruppe von Kindern der gleichen Entwicklungsphase eine neue Bedeutung. Den Kindern wird es sehr wichtig, von Mitschülern und Mitschülerinnen anerkannt zu sein; die Kooperation mit anderen wird zu einer wesentlichen Arbeitsmotivation. Die Kinder schließen sich gern zusammen, „und zwar nicht um der bloßen Geselligkeit willen, sondern zu einer Art organisierter Aktivität", denn sie verkehren „gerne mit Kindern in einer Gruppe, in der jedes eine andere Stellung einnimmt." (6, 39)

Wenn Kinder Arbeitsgruppen bilden, so achten sie ganz selbstverständlich darauf, daß die Gruppe ausgewogen ist. Sie mögen nicht, daß sich jemand während der Arbeit hervortut, und sie mögen es auch nicht, wenn das eigene Arbeitsvolumen zu klein ist. Jedes Kind möchte gleichwertig aktiv sein, seine Fähigkeiten einbringen, die Fähigkeiten der anderen nutzen, diese auch anerkennen und selbst in dem, was es tut, anerkannt sein.

Wir sind daran gewöhnt, daß die Kinder einer Schule in Jahrgangsklassen zusammengefaßt sind. Auch in Jahrgangsklassen wird Montessori-Pädagogik erfolgreich umgesetzt. Um jedoch die Möglichkeit der Kooperation zu vergrößern und um das gemeinsame Lernen und Lehren zu steigern, hält Montessori die Altersmischung nicht nur im Kindergarten, sondern auch in der Schule für den richtigen Weg.

3.2. Erziehungs- und Lernziele der jahrgangsgemischten Klasse

Kinder lernen voneinander in einer Weise, die Eltern und Erzieher nicht ersetzen können. Da sie sich in ihrem Fühlen und Denken, in Sprache und Vorstellungsweise untereinander näher stehen als mit Erwachsenen, können sie Erkenntnisse oft entsprechend einfacher weitergeben. Wenn jüngere Kinder älteren bei deren Arbeiten zuschauen, so wird bereits ein erstes Interesse für künftige Aufgaben geweckt und dadurch der Zugang zu neuen Wissensgebieten erleichtert. Die jüngeren Kinder bereiten sich geistig auf kommende Arbeiten vor und interessieren sich häufig schon viel früher für Übungen, die man ihnen auf Grund des Alters noch nicht zugetraut hätte. Denn bei ihrem „geistigen Spaziergang" (1, 204) spüren die Jüngeren ziemlich genau, ob sie eine Aufgabe schon angehen können oder ob sie lieber noch damit warten wollen.

Werden die Älteren von den Jüngeren bei einer Arbeit um Erklärungen gebeten, so müssen sie das eigene Wissen rekapitulieren und verständlich formulieren, um es entsprechend weitergeben zu können. Dadurch erleben die Älteren selbst einen Zuwachs an Fähigkeiten. Außerdem werden sie in ihrem Selbstbewußtsein gestärkt, denn sie erinnern sich, daß das, was ihnen früher einmal selbst als schwierig erschien, heute leicht für sie ist. In ihrem Vortrag „Über den Grundriß der Montessori-Schule" schreibt Maria Montessori:

„Die Hauptsache ist, daß die Gruppen verschiedene Altersstufen umfassen, weil das großen Einfluß auf die Bildungsentwicklung des Kindes hat. Dies wird durch die Beziehungen der Kinder untereinander selbst erreicht. Sie können sich kaum vorstellen, wie gut ein kleines Kind von einem älteren Kind lernt; wie geduldig das ältere Kind mit den Schwierigkeiten des jüngeren ist. Es sieht beinahe aus, als ob das jüngere Kind für das ältere einen Arbeitsstoff darstellte. Ich habe oft aufgehört, sie zu beobachten, und gedacht: Ist es für das ältere Kind nicht eine Vergeudung von Zeit? Aber dann wurde mir klar, daß, wenn man etwas lehrt, einem selbst der Gegenstand klarer wird. Durch nichts lernen Sie mehr als durch das Lehren anderer, besonders wenn Sie den Gegenstand nicht sehr gut beherrschen.

Denn die Anstrengungen des anderen wirken wie eine Fehlerkontrolle für Sie selbst und regen Sie an, mehr Kenntnis zu erwerben, um dem andern zu vermitteln, was er braucht." (8, 87)

Auch im sozialen Umgang wirkt sich die Altersmischung bereichernd aus. Eingeübte Regeln für das Leben in der Gemeinschaft werden von jüngeren Kindern leichter übernommen, wenn sie nicht nur von der Lehrerin, sondern auch von den älteren Kindern der Gruppe eingefordert werden. Ältere Kinder erleben sich im Spiegel der kleineren als reifer, was sie in ihrem Verantwortungsbewußtsein stärkt. (1, 202 f) Hinzu kommt eine typische Eigenart von Grundschulkindern, die oft zu beobachten ist: die Anerkennung einer bestimmten Rangordnung. Ältere Kinder werden allein auf Grund ihres höheren Alters geachtet, jüngere auf Grund ihres Alters geschont. Gestört wird die Selbstverständlichkeit der Rangordnung nur durch rücksichtsloses Verhalten der Kinder selbst.

Im sozialen Umgang miteinander kommen natürlich nicht nur Gefühle von Zuneigung und Anerkennung vor, sondern auch die von Rivalität und Eifersucht. Diese stellen sich z. B. ein, wenn Lehrer jahrgangsgemischter Klassen in den Fehler verfallen, die Älteren etwas zu vernachlässigen, in dem Glauben, sie brauchten ihre Zuwendung weniger – wie dies manchmal in Familien mit mehreren Kindern geschieht. Dann entwickeln die älteren Kinder Abneigung gegen die jüngeren. Es ist jedoch leicht, diesen Fehler abzustellen, wenn man ihn einmal erkannt hat. Es kann sogar von Vorteil sein, den Älteren ein wenig mehr an Zuwendung zu geben; dies führt eher dazu, daß sie ihrerseits gerne Verantwortung für die Jüngeren übernehmen. Es kommt auch vor, daß ein älteres Kind spürt, daß ein jüngeres auf Grund seiner raschen Auffassungsgabe mehr kann als es selbst. Dann erlebt es Gefühle der Eifersucht und der Abwehr. Auch dies gehört zum Lernprozeß dazu: Erkenntnisse über sich selbst gewinnen und Konflikte aushalten. In einer Klassengemeinschaft, zu derem geistigen Klima es gehört, daß einerseits jeder in seinem Können anerkannt und entsprechend gefördert wird, andererseits aber keiner wegen seiner Schwächen ausgelacht wird, kann ein Kind in die Erkenntnis seiner eigenen Person hineinwachsen und diese mit ihren Stärken und Schwächen annehmen.

Erziehungs- und Lernziele der jahrgangsgemischten Klasse | 47

Man könnte sagen, zwischen älteren und jüngeren Kindern herrscht ein eher pädagogisches, zwischen gleichaltrigen ein eher partnerschaftliches Verhältnis. Dort, wo sich zwischen zwei Kindern deutlich verschiedenen Alters feste freundschaftliche Beziehungen bilden, handelt es sich meist bei dem einen Kind um ein akzeleriertes oder um ein retardiertes Kind. Man kann an diesen Freundschaftsbindungen erkennen, daß gemeinsame Entwicklungshöhe bei gemeinsamer Interessenlage wichtiger ist als das rechnerische Alter. Dies führt auch dazu, daß Kinder, die in ihrer Entwicklung reifer oder retardierter sind, oder die, die besonders begabt oder leistungsschwach sind, sich in einer altersgemischten Klasse selbständig der Gruppe zuordnen, zu der sie mit ihrem Entwicklungs- und Kenntnisstand gehören. Kinder haben ein feines Gespür dafür, wohin sie „passen", und es ist sehr wichtig für sie, in die richtige Freundesgruppe aufgenommen zu sein. Die größere entwicklungs- und begabungsbedingte Bandbreite einer jahrgangsgemischten Klasse führt logischerweise auch dazu, daß z. B. leistungsschwache Kinder die Grundschule in fünf Jahren vollenden, ohne die Klasse wechseln zu müssen, und die besonders begabten und motivierten Kinder nach drei Jahren die Grundschule verlassen, ohne daß sie eine Klasse „übersprungen" haben.

Niko, geboren am 31. Oktober, hätte auf Antrag der Eltern als Fünfjähriger eingeschult werden können. Die Eltern und die Erzieherinnen des Kindergartens hielten die Einschulung aber noch für verfrüht, so daß Niko erst im folgenden Jahr in ein 1./2. Schuljahr eingeschult wurde. Er war dann sechs Jahre und wurde im Oktober sieben. Im Laufe des ersten Schuljahres arbeitete Niko mit großer Geschwindigkeit. Ende November hatte er sein Mathematikbuch bis zum Ende durchgearbeitet und das darin enthaltene Lernpensum im Zahlenraum bis zwanzig sicher verstanden. Er arbeitete auch mit dem Goldenen Perlenmaterial und dem Markenspiel und zeigte ein sicheres Gespür für den Aufbau der Zahlen. Er wirkte, als könne er einer angestauten Lernbegier endlich freien Raum geben. Im Lesenlernen war er nicht ganz so flott, und auch das Schreiben ging ihm mühevoller von der Hand. Trotzdem hatte er am Ende des Schuljahres die Lernziele der ersten Klasse weit überschritten und viele Freunde bei den älteren, den Zweitkläßlern, gefunden. In den nächsten Jahren behielt er mühelos sein Lerntempo bei, so daß er auch im gebundenen Unterricht die Aufgaben der älteren Kinder bearbeitete. Es zeigte sich, daß Niko selbst durch seine gesamte Entwicklung die für ihn verspätete Einschulung rückgängig machte, indem er sich einen Platz bei den älteren Kindern schuf. So war es die logische Konsequenz, daß er nach drei Schulbesuchsjahren die Grundschule verließ und auf das Gymnasium wechselte.

Schwieriger wäre es für Niko gewesen, wenn er zu den Älteren gehört und keine noch älteren Kinder vorgefunden hätte, denen er sich hätte zuordnen können. Kinder möchten gerne zu einer Gruppe gehören. Deswegen kommt es vor, daß Kinder ihren Arbeitseifer bremsen, um nicht die Freunde zu verlieren. Bei der Klasseneinteilung zu Beginn des Schuljahres ist es also günstig, das Alter und auch eventuelle Vorkenntnisse des Kindes zu berücksichtigen.

Auch umgekehrt kommt es vor, daß ein Kind auf Antrag eingeschult wird, weil mehr Gesichtspunkte für als gegen die Einschulung sprechen, obwohl leichte Bedenken nicht ausgeräumt sind. In diesem Fall empfiehlt es sich, das Kind in eine Klasse einzuordnen, in dem eine Gruppe jüngerer Kinder vorhanden ist, so daß im Laufe der Grundschulzeit eine Korrektur vorgenommen werden kann, falls sich die frühe Einschulung als Fehler erweist.

Außerdem kann es natürlich auch vorkommen, daß Kinder fünf Schulbesuchsjahre durchlaufen, weil ihnen das kognitive Lernen schwerfällt. Juliane z. B. arbeitet stetig und gleichmäßig, hat aber oft Mühe, das Gelernte im Gedächtnis zu behalten. Trotz vieler Übungen mit den Sandpapierbuchstaben und der Anlauttabelle kann sie sich etliche Buchstaben nur schwer merken, so daß sich der Leselernprozeß über eineinhalb Jahre hinzieht. Auch die Zahlvorstellung bleibt schwach. Rechnet sie ohne Goldenes Perlenmaterial, so verwechselt sie immer die Einer und Zehner und schreibt die Zahlen falsch auf. Im sachkundlichen Bereich interessiert sie sich sehr für Tiere, doch führt auch hier die schwache Merkfähigkeit dazu, daß Lernvorgänge sehr häufig wiederholt werden müssen. Besonderes Geschick zeigt sie beim Zeichnen, Malen und Basteln. Sie arbeitet ideenreich und sehr selbständig. Die Lernerfolge im kognitiven Bereich sind jedoch insgesamt so gering, daß

Juliane ein Schuljahr wiederholt, ohne jedoch dabei die Klasse wechseln zu müssen. Auch hier wird es natürlich schwieriger, wenn keine jüngere Gruppe mehr in der Klasse ist. In diesem Fall muß entweder doch die Klasse gewechselt werden, oder aber die Lehrerin überlegt, ob Juliane in der Klasse verbleiben kann und weiter individuell gefördert wird. Am wichtigsten ist hierbei die Frage, ob Juliane in eine Freundinnengruppe integriert ist oder ob sie sich bereits isoliert fühlt.

3.3. Gesichtspunkte für die Umsetzung von jahrgangsgemischten Klassen in der schulischen Praxis

3.3.1. Verschiedene Modelle der Altersmischung

Eine optimale Altersmischung ist die Zusammenfassung dreier Jahrgänge einer Entwicklungsstufe, wie dies z. B. von Kindergartengruppen her allgemein geläufig ist. Dort sind die drei- bis fünfjährigen Kinder in einer Gruppe zusammengefaßt, wobei – bedingt durch die Schulgesetze – auch noch Sechsjährige in dieser Gruppe sein können.

Auch in der Schule wäre die Zusammenfassung dreier Jahrgänge die optimale Altersmischung. Als die Volksschulen noch nicht in Grund- und Hauptschulen unterteilt waren, bildeten die Sechs- bis Achtjährigen (1.–3. Schuljahr), die Neun- bis Elfjährigen (4.–6. Schuljahr) und die Zwölf- bis Vierzehnjährigen (7.–9. Schuljahr) eine Lerngruppe.

Seitdem in etlichen Bundesländern die Volksschulen in Grund- und Hauptschulen unterteilt wurden, mußten die Montessori-Schulen neue Modelle entwickeln, die Altersmischung zu verwirklichen. Einige Schulen fassen vier Jahrgänge (1.–4. Schuljahr) in einer Klasse zusammen, andere bilden Klassen aus zwei Jahrgängen. Da ein Lehrerwechsel nach zwei Jahren nicht zu befürworten ist, besteht die Klasse im ersten Jahr aus einem 1./2. Schuljahr, diese wird im nächsten 2./3. Schuljahr, im übernächsten 3./4. Schuljahr, und diese wandelt sich zum 4./1. Schuljahr und so fort.

Man kann auch eine Klasse aus drei Jahrgängen (1.–3. Schuljahr) bilden und dann jeweils die Viertkläßler in einer Jahrgangsklasse zusammenführen. Da dies jedoch zu einem unliebsamen Lehrerwechsel nach dem 3. Schuljahr führt, wird eine andere Lösung bevorzugt: die Mischung dreier Jahrgänge, wobei jeweils ein Jahrgang fehlt. Eine Lehrerin führt z. B. im ersten Jahr die Klasse 1/2/3, im zweiten Jahr die Klasse 2/3/4, im dritten Jahr die Klasse 1/3/4 und im folgenden die Klasse 1/2/4 und so fort.

Keine dieser beschriebenen Altersmischungen ist ideal, da eine vierjährige Grundschule die Idealform nicht mehr zuläßt.

3.3.2. Klassenfrequenz und Gruppengröße der Gleichaltrigen

Maria Montessori fordert für die altersgemischte Lerngruppe eine große Zahl von Kindern, weil sich damit die Chance erhöht, von vielen unterschiedlichen Charakteren zu lernen. (1, 202) Unterschiedlichkeit regt zum Lernen und Nachdenken an, sie ist anregender als Gleichheit. Daß eine Lerngruppe mit Kindern unterschiedlicher Begabungen, verschiedener Jahrgänge und beider Geschlechter anregender ist als eine homogene Gruppe von Kindern, kann in der täglichen Praxis der Montessori-Schulen bestätigt werden. Allerdings fordert sie von den Lehrenden auch, sich ganz auf diese Unterschiedlichkeit einzulassen, das Positive daran zu sehen und zum Tragen zu bringen.

Schwieriger wird es, wenn wir die Klassenfrequenz bedenken. Montessori meint dazu:

> *„In solchen Fragen, wie z. B. der Zahl der Kinder, die in einer Klasse sein sollten, um gute Ergebnisse zu erreichen, meinen wir, daß die Klasse am besten zwischen 30 und 40 Kindern zählen soll, aber es mögen auch einige mehr sein. Das hängt von der Fähigkeit der Lehrerin ab. ...Die wirklich guten Ergebnisse stellen sich ein, wenn die Zahl der Kinder wächst; 25 ist eine ausreichende Zahl, und 40 haben wir als die beste Zahl gefunden."* (8, 82)

Eine Textstelle darüber, von wie vielen Lehrenden oder Erziehenden diese Gruppe betreut wird, findet sich leider nicht.

Nun will heute niemand mehr eine Klasse mit 40 Kindern, denn eins hat sich zu früher wesentlich verändert: Kinder, Eltern, Lehrkräfte und die

Öffentlichkeit sind anspruchsvoller geworden, was die Leistungen der Schule und was die Zuwendung zu den einzelnen Kindern angeht. Außerdem fällt es den Kindern heute schwerer, sich in eine Gruppe einzuordnen und Regeln zu beachten. Auch der Prozeß der Konzentration auf eine Arbeit dauert länger und erfordert eine intensivere Führung des Kindes durch die Lehrerin, bis eine bestimmte Ausdauer und Verantwortlichkeit erreicht ist.

Die Wirklichkeit der heutigen Grundschulen macht – je nach Anmeldungszahlen – Klassenfrequenzen von 30 manchmal zwingend notwendig. Gewünscht sind sie nicht, denn auch an Montessori-Schulen gibt es jeweils für eine Klasse nur eine Lehrerin, das heißt keine Teamarbeit von zwei Lehrenden. Wünschenswert ist eine Klassengröße von 24 Kindern. Wenn in einer solchen Klasse zwei Jahrgänge von je 12 Kindern sind, so ist hinreichend dafür gesorgt, daß sich gleichaltrige und gleichgeschlechtliche Freundesgruppen bilden können. Ferner läßt die Mischung von zwei Jahrgängen noch genügend Erfahrungen sowohl im kognitiven als auch im sozialen Bereich zu, so daß sie entscheidende Vorteile vor einem reinen Jahrgang hat. Hinzu kommt, daß auf Grund von Begabungsspitzen und Leistungsdefiziten einzelner Kinder tatsächlich immer mehr als zwei Gruppen entstehen.

In einer Gruppe von Kindern darf sich das Augenmerk nicht nur auf die Jahrgangsmischung richten, sondern in gleicher Weise auch auf die Gruppe der Gleichaltrigen. Kinder des gleichen Alters sind für das jeweilige Kind genauso wichtig wie jüngere oder ältere. Ähnlich wie Mädchen gerne mit Mädchen und Jungen gerne mit Jungen spielen, wenden sie sich in ihrer Freundschaft gerne den gleichaltrigen Kindern zu. Bei der Zusammenstellung einer Klasse muß daher die Gruppe der Gleichaltrigen groß genug sein, damit sich Freundesgruppen des gleichen Alters und des gleichen Geschlechtes bilden können.

Werden in einer Klasse von 24 Kindern drei Jahrgänge gemischt, so besteht die Gruppe der Gleichaltrigen aus jeweils acht Kindern, z.B. vier Jungen und vier Mädchen. Der Vorteil liegt in der größeren Unterschiedlichkeit durch die jüngeren und älteren Kinder. Nachteile können sich einstellen, wenn durch Weggang einiger Kinder die Gruppengröße der gleichaltrigen oder gleichgeschlechtlichen Kinder zu klein wird. Bei einer Altersmischung von vier Jahrgängen besteht jede Gruppe aus sechs Kindern. Hier ist die Gefahr gegeben, daß die Kinder nicht mehr genügend Auswahl bei den Gleichaltrigen haben. Der Vorteil der Altersmischung von drei oder vier Jahrgängen liegt jedoch darin, daß jede Gruppe von Kindern einmal die Rolle der „Kleineren", später die Rolle der „Größeren" einnehmen kann. Um diesen Vorteil zu nutzen und die Nachteile zu verringern, kann man sich auch für höhere Klassenfrequenzen entscheiden. Es leuchtet ein, daß sich bei einer Klassenfrequenz von 28 Kindern auch der Spielraum der Gruppenzusammenstellung vergrößert.

Zu bedenken ist, daß jede Aufnahme von Erstkläßlern das soziale Geflecht einer Klasse ins Wanken bringen kann und dieses wieder neu aufgebaut werden muß. Nicht jede Montessori-Schule hat Erstkläßler, die zuvor in Montessori-Kindergärten waren und die Arbeitsform von Montessori-Gruppen gewöhnt sind. Die Eingewöhnungszeit von Erstkläßlern kann aus diesem Grund eine Klasse zunächst belasten. Jedes Kollegium muß auf Grund der eigenen Bedingungen vor Ort selber bestimmen, für welche Formen der Jahrgangsmischung es sich entscheidet. Es wird die Form sein, in der das Kollegium die meisten Vorteile sieht und zum Tragen bringen kann.

3.3.3. Gesichtspunkte für die Stundenplangestaltung

Die Klasse sollte nach Möglichkeit vier Jahre von derselben Klassenlehrerin bzw. demselben Klassenlehrer geführt werden. Je besser man ein Kind kennenlernt, desto einfühlsamer kann man mit ihm umgehen und desto genauer kann man es unterrichten. Man kann die Entwicklung des Kindes beobachten, aus der sich gesichertere Erkenntnisse ergeben, als wenn man ein Kind nur kurze Zeit kennt. Ferner gibt es Kinder, die lange Zeit brauchen, bis sie im Sozialgefüge der Klasse ihren Platz gefunden und eine relativ feste Beziehung zur Lehrerin aufgebaut haben. Diese Entwicklung würde durch einen Lehrerwechsel gestört.

Aus den eben genannten Gründen sollte die Klassenlehrerin oder der Klassenlehrer auch nach Möglichkeit mit vielen Stunden in der Klasse unterrichten; vom Fachlehrerprinzip sollte nur gemäßigt Gebrauch gemacht werden.

Freiarbeit und gebundener Unterricht sollten im wesentlichen von der gleichen Person durchgeführt werden. Häufig ergeben sich aus der Freiarbeit Anregungen für den Klassen- und Gruppenunterricht; umgekehrt kann man auch durch den gemeinsamen Unterricht Themen für die Freiarbeit neu ins Bewußtsein rücken. Außerdem kann das Arbeits- und Sozialverhalten eines Kindes in Freiarbeit und gebundenem Unterricht unterschiedlich sein. Die Lehrpersonen müssen das Kind in beiden Unterrichtsformen erlebt haben, um es richtig kennenzulernen; besonders wichtig ist dabei die Freiarbeit. Sie ist besonders gut geeignet, ein Kind in seinen Stärken und Schwächen kennenzulernen und Ansatzpunkte für besondere Förderungen und Hilfen zu finden.

Die öffentlichen Schulen (die Montessori-Schulen in Nordrhein-Westfalen sind öffentliche Schulen) sind meist nur knapp mit den erforderlichen Lehrerstunden besetzt, die sie je nach Bundesland haben sollten. Durch Krankheit oder Fortbildung fallen Lehrerstunden aus, dies bringt Vertretungsunterricht und verkürzte Stundenpläne mit sich. Bei der Stundenplangestaltung sollte daher darauf geachtet werden, daß die Pläne der einzelnen Klassen nur in einem geringen Maße ineinander verzahnt sind.

Andernfalls bringt jede Änderung in einer Klasse zu viele Änderungen in zu vielen anderen Klassen mit sich.

3.4. Die Einrichtung jahrgangsgemischter Klassen

Bei der Einführung jahrgangsgemischter Klassen sind gründliche Überlegungen und ein gemeinsames Konzept von Lehrern und Eltern Voraussetzung. Die einfachste Form besteht darin, zwei parallele Klassen des ersten Schuljahres zahlenmäßig so einzuteilen, daß die eine Klasse künftig weitere Erstkläßler aufnehmen kann und die andere Klasse zunächst reine Jahrgangsklasse bleibt. Sind z. B. an einer Schule 48 Anmeldungen zu verzeichnen, so wird die eine Klasse 30 Kinder bekommen, die andere nur 18. Diese zweite Klasse wird im nächsten Jahr 10–12 Erstkläßler aufnehmen und dann 1./2. Schuljahr sein. Hat sich die Schule für die Zusammenfassung von drei Jahrgängen in einer Klasse entschieden, so wird diese zunächst nur 6–7 Erstkläßler aufnehmen, im dritten Jahr dann weitere sechs Erstkläßler. Die Ungleichgewichtigkeit der einzelnen Gruppen muß in den nächsten Jahren ausgeglichen werden, z. B. dadurch, daß Kinder, die durch Ab- und Anmeldung die Schule verlassen oder neu besuchen, stets so in die Gruppen integriert werden, daß große Gruppen verkleinert und kleine vergrößert werden. Manchmal ist dies nur durch einen längerfristigen Zeitplan zu erreichen.

Eine andere Möglichkeit, aus Klassen mit reinen Jahrgängen jahrgangsgemischte zu bilden, besteht darin, erstes und zweites oder erstes, zweites und drittes Schuljahr zu halbieren bzw. zu dritteln und dann neu zusammenzustellen. Da diese Form Klassengemeinschaften auseinanderreißt und zum Wechsel der Klassenlehrerin führt, sollte dies nur mit Einverständnis der Eltern durchgeführt werden.

3.5. Andere Formen des Soziallebens in der Schule

Die Kooperation der Kinder in Freiarbeit und gebundenem Unterricht ist die tragende Grundlage sozialer Erziehung in der Schule. Darüber hinaus stehen in den täglichen Pausen, bei Sportspielen, beim Schulfest, beim Ausflug und der Klassenfahrt das gemeinsame Spielen und Leben im Vordergrund. Auch diese Aktivitäten müssen einsichtig gestaltet werden, weil sie keine Randerscheinungen sind, sondern für Kinder die gleiche Wertigkeit haben wie der Unterricht. Im Leben des Kindes ist nicht nur das Lernen durch schulische Arbeitsformen bedeutsam. Wir müssen im Auge behalten, daß Spielen noch ebenso bedeutsam ist.

4. Das Ziel der Freiarbeit: „Mir geht ein Licht auf!" Die Polarisation der Aufmerksamkeit

4.1. Der Begriff „Freiarbeit"

Maria Montessori gestaltete in ihren Kindergärten und Schulen eine Umgebung, die den Kindern mit Hilfe bestimmter Arbeitsmittel vielfältige Handlungsmöglichkeiten in selbstbestimmter Arbeit bietet. Sie wich damit von den damals sehr strikten Formen des Klassenunterrichtes ab. Der Terminus „Freiarbeit" wurde von Montessori selbst nicht verwendet; sie sprach stets von der „freien Wahl der Arbeit" oder von den „Lektionen", die sich an bestimmte Kinder wenden, um sie in den Gebrauch eines Arbeitsmaterials einzuführen. Der Begriff „Freiarbeit" bürgerte sich als Gegensatz zum „gebundenen Unterricht" ab 1950 ein, weil man einen Namen für jene Arbeitsstunden brauchte, in denen die freie Arbeitswahl der Kinder vorherrschte. (11, 109)

Viele Jahre bezogen sich die Unterrichtsform und der Begriff „Freiarbeit" nur auf Montessori-Schulen. Unterdessen wurde der Name „Freiarbeit" oder „Freie Arbeit" in die Richtlinien übernommen, ohne daß das Konzept für Freiarbeit näher beschrieben wurde. Freie Arbeit wird in der gegenwärtigen Diskussion auch als „Offener Unterricht" bezeichnet. Dieser Begriff stammt nicht aus der Tradition der Montessori-Schulen. Welches Konzept Regelschulen mit „Freier Arbeit" oder „Offenem Unterricht" verwirklichen wollen, muß jede Regelschule für sich selbst neu definieren und inhaltlich füllen. Deswegen kann die „Freie Arbeit" an Regelschulen eine sehr unterschiedliche Ausprägung haben.

4.1.1. Die Vorbereitete Umgebung und das Arbeitsmaterial

Der Klassenraum einer Montessori-Schule ist eine Vorbereitete Umgebung für die Aktivität der Kinder. In offenen Regalen und in Schränken liegt ein sorgfältig ausgesuchtes Angebot an Arbeitsmitteln, mit deren Hilfe die Kinder sich Lehrinhalte aus den Bereichen Sprache, Mathematik, Sachunterricht, Religion u. a. erarbeiten können. Das Arbeitsmaterial besteht hauptsächlich aus dem klassischen, auch heute noch gültigen Montessori-Material, aus anderen Arbeitsmitteln und aus selbst hergestelltem Material.

Zu den Mathematik-Materialien gehören z. B.:
- verschiedene Arbeitsmittel, um die Zahlen von 1 bis 10 in ihren Mengen und Gruppierungen zu verdeutlichen;
- das „Goldene Perlenmaterial", das die Ordnung des Dezimalsystems sinnlich erfahrbar und die vier Rechenoperationen begrifflich macht;
- das „Markenspiel", das die Erfahrungen, die mit dem Goldenen Perlenmaterial gewonnen wurden, auf eine abstraktere Stufe hebt;
- die kleinen und großen Rechenrahmen sowie das Punktspiel, die auf die Struktur der schriftlichen Addition vorbereiten;
- das sogenannte „Schachbrett", das die Multiplikation großer Zahlen verdeutlicht;
- die „Große Division", die die Division großer Zahlen bereits für junge Kinder spannend macht;
- die Quadrat- und Kubikzahlenketten, die auf den Zusammenhang zwischen Mathematik und Geometrie hinweisen;
- die Bruchrechenkreise, mit denen Bruchrechnen einsichtig wird;
- eine Waage, um Dinge abzuwiegen und Erfahrungen mit Gewichten zu machen;
- Zollstock, Zentimetermaß, Litergefäße und eine Kasse mit Papiergeld, um weitere Größen wie Meter und Zentimeter, Liter, DM und Pfennig durch handelnden Umgang vertraut zu machen.

Im Regal für Sprachübungen stehen u. a.:
- Sandpapierbuchstaben und Leseübungen einfachster Art, um den Zugang zum Lesen und Schreiben zu erleichtern;
- weiterführende Leseübungen mit interessanten Inhalten z. B. aus dem sachkundlichen Bereich;
- Kästen mit „Wortsymbolen" zur Unterscheidung von Wortarten;
- Übungen mit Symbolen und Pfeilen, um Satzstrukturen zu erforschen;
- Mappen mit anregenden Bildern, um Schreibanlässe zu schaffen;
- Gedicht-, Märchen- und Kinderbücher, die in die Literatur einführen;
- Rechtschreibübungen verschiedenster Art, um das richtige Schreiben zu trainieren.

Ein Junge bestimmt mit Hilfe der „Wortsymbole" die Wortarten eines Satzes. Große schwarze Dreiecke symbolisieren die Nomen, große rote Kreise die Verben usw.

Auch der Bereich für Sachkunde und „Kosmische Erziehung" ist reich ausgestattet. Es gibt hierzu:

- Landkarten von Erdteilen und Staaten der Erde, in die man Namensfähnchen stecken und mit denen man an Hand von Kontrollkarten topographische Übungen durchführen kann;
- gepreßte Blätter von Bäumen, Furnierhölzer und Früchte, denen man Namenkärtchen von Bäumen zuordnet;
- ein „Stammbaum des Lebens", um die Entwicklung von den Urzellern bis zu den Menschen zu verdeutlichen;
- Tierkarten unterschiedlichster Art;
- heimatkundliche Puzzlekarten;
- ein Geologiezeitband, das viele Meter lang ist und eine Ahnung von den unendlichen Zeiträumen der Entwicklung des Lebens auf der Erde vermittelt;

Erst- und Vierkläßler bearbeiten zusammen die Europa-Puzzlekarte. Eine Kontrollkarte hilft ihnen, die Länder zu benennen und richtig einzuordnen.

- ein Modell des Sonnensystems, das das Interesse für die Großartigkeit des Universums weckt;

Der Begriff „Freiarbeit" 59

- ein Legotechnikkasten, um Einsicht in technische Konstruktionen zu gewinnen;
- ein Computer in manchen Klassen, um mit neuen Techniken und Möglichkeiten vertraut zu machen.

Auch für weitere Fachbereiche wie Religion, Musik und Kunst werden Arbeitsmittel angeboten.

Zwei Mädchen bauen nach einer Bauanleitung ein Karussell mit Lego-Technik.

Die Arbeitsmittel müssen stets ordentlich und vollständig sein. Die Menge der Arbeitsmittel muß einerseits so begrenzt sein, daß sie den Kindern Ordnung und Orientierung bieten, andererseits muß sie so vielfältig sein, daß die unterschiedlichen Kinder einer Klasse reichhaltige Arbeitsmöglichkeiten finden. Da ein Überangebot an Arbeitsmitteln die Orientierung für die Kinder erschwert, empfiehlt es sich, einen Teil der Arbeitsmittel im Schrank verschlossen, aber griffbereit zu halten, um es hervorzuholen, wenn die Interessen der Kinder dies erfordern. Darüber hinaus wird das Angebot auch durch die räumliche Enge oder Weite des Klassenzimmers bestimmt.

Die Sitzmöbel der Kinder sind so gestellt, daß an bestimmten Stellen des Klassenraumes genügend Platz bleibt, um auf dem Boden zu arbeiten oder raumgreifende Arbeitsmittel auslegen zu können. Ferner müssen die Kinder so viel Bewegungsfreiheit haben, daß sie Arbeitsmittel holen und wieder fortbringen können. Ist der Klassenraum groß genug, ist es ratsam, Nischen oder Ecken für Einzel-, Partner- oder Kleingruppenarbeit einzurichten.

Natürlich ist der Klassenraum auch durch Pflanzen belebt und durch Bilder der Kinder geschmückt. Ferner sollten nicht die Dinge vergessen werden, die man für das Arbeiten in einer geordneten Umgebung auch benötigt: z. B. Locher und Hefter, Büroklammern und Tesafilm, Möbelpolitur und Putzlappen, Handfeger und Kehrblech.

4.1.2. Beschreibung der Praxis „Freiarbeit"

Die Freiarbeit wird gewöhnlich täglich morgens in den ersten zwei oder drei Unterrichtsstunden durchgeführt. Sie beginnt zu einer festen Zeit, z. B. um acht Uhr, und endet um zehn oder zehn Uhr dreißig. Üblicherweise ist die Lehrkraft bereits schon einige Zeit vor Unterrichtsbeginn da, und auch die Kinder, die frühzeitig kommen, finden sich schon im Klassenraum ein. Die Kinder begrüßen sich, unterhalten sich etwas, tauschen vielleicht noch die letzten Fußballnachrichten miteinander aus oder sprechen schon über die geplanten Arbeitsvorhaben.

Unterdessen haben einige zielstrebige Kinder bereits ihre Arbeit an den Platz geholt und vertiefen sich schon in die Aufgaben. Nadine, ein besonders fleißiges Mädchen, hält sich selten mit Unterhaltungen auf. Sie hat die Große Division schon vor sich stehen und sortiert die Einer, Zehner, Hunderter und Tausender – versinnbildlicht durch bestimmte farbige Perlen – in die dafür vorgesehenen Schälchen, um eine Tausenderzahl zu dividieren. Dann wendet sie sich kurz an die Lehrerin, um sich zu vergewissern, ob sie die Zahl auch richtig gebildet hat.

Moritz unterhält sich angeregt mit Daniel über die Frage, ob sie das meterlange Geologieband draußen im Flur auslegen oder lieber die Tausenderkette bearbeiten sollen.

Der Begriff „Freiarbeit" 61

Das Bild zeigt Kinder während der Freiarbeit: (Im Vordergrund:) Zwei Mädchen lösen mit Hilfe der „Großen Division" Geteilt-Aufgaben mit Millionenbereich. (Mitte:) Ein Mädchen rechnet eine Addition mit dem Markenspiel, ein anderes legt ein Lesedomino. Die Kinder gegenüber ordnen den „Geometrischen Körpern" die Grundflächen zu.
(Hintergrund): Zwei Jungen lesen ein Lesedomino. Ein Junge arbeitet vor der Tafel auf einem Teppich. Ein weiterer Junge schreibt eine Geschichte.

Heide gähnt noch ein bißchen – sie geht meist zu spät ins Bett – und entscheidet sich dann für das Üben der Lernwörter aus ihrer Lernbox; nicht weil sie sich dafür besonders begeistert, sondern weil sie weiß, daß Rechtschreibübungen nötig sind.

Lisa und Alina nehmen sich ein Ringbuchblatt und beginnen, eine Geschichte über eine kleine Katze zu schreiben, die von zu Hause fortgeht und unterwegs einen Igel trifft.

Martin steht mit mißmutiger Mine an seinem Platz; seine Freunde wollen nicht auf seinen Arbeitsvorschlag eingehen und er nicht auf ihren. Deswegen ist er jetzt eine Weile unfähig, eine neue Entscheidung zu treffen.

Uwe geht an Stefan vorbei und gibt ihm einen Tritt, um ihn zu einer spontanen Balgerei zu provozieren. Die Lehrerin sieht das und geht zu ihm, einerseits, um ihn von Stefan zu entfernen, und andererseits, um ihm eine Arbeit zu geben, weil sie weiß, daß er große Probleme damit hat, selbst eine zu finden.

Linda schreibt aus einem kleinen Heftchen Sätze ab und bestimmt mit Hilfe der Wortsymbole die Wortarten der Wörter.

Markus und Michael arbeiten mit dem Elektro-Kasten. Sie bauen einen Stromkreis und freuen sich, als die kleine Lampe schließlich brennt.

Valerie und Linda sitzen am Computer und schreiben einen Text aus einem Ringbuch ab, das sich „Elektro II" nennt.

Jedes Kind ist in Einzel-, Partner- oder Kleingruppenarbeit beschäftigt. Einige sitzen am Platz, andere arbeiten auf einem kleinen Teppich auf dem Boden, wieder andere räumen ihre Sachen weg oder holen sich neue Arbeitsmittel; es gibt Kinder, die sehr konzentriert arbeiten, und jene, die sich weniger intensiv mit ihrer Arbeit auseinandersetzen.

Die Lehrerin bewältigt in dieser Zeit sehr verschiedene Aufgaben: Nadine hilft sie, wenn diese Hilfe braucht; ansonsten läßt sie sie in Ruhe arbeiten. Sie beobachtet stets, ob Uwe an seiner Arbeit bleibt. Ab und zu wirft sie einen Blick in den Flur, wo Moritz und Daniel das Geologieband auslegen; sie erinnert Markus und Michael ans Flüstern, weil sie sich immer wieder mit lauter Stimme unterhalten. Dann wird sie von Nadines Freundin Laura gebeten, ihr die Große Division zu erklären. Nun sitzt sie eine Weile neben Laura, um sie in die Arbeitstechnik einzuweisen. Kinder, die zu ihr kommen, weil sie etwas fragen wollen, wehrt sie ab; sie sollen am Lehrertisch warten, bis sie wieder Zeit hat, oder sie sollen sich untereinander helfen.

Dann wird der Geräuschpegel in der Klasse zu laut. Die Lehrerin läutet einmal, zweimal leise mit einer kleinen Tischglocke. Das ist ein bekanntes Zeichen, das alle Kinder daran erinnert, weniger oder leiser zu sprechen. Um 9 Uhr beginnt dann eine Phase besonderer Ruhe: das Silentium. Es wird etwa zwanzig Minuten durchgeführt. In dieser Zeit darf auch nicht mehr geflüstert werden; man verständigt sich durch Zeichen oder schreibt auf, was man voneinander will. Fast alle Kinder halten sich diszipliniert an diese

Phase der Stille. Sie hat den Sinn, die Kinder ganz ruhig werden zu lassen. Da der Klassenraum keine Gruppenräume hat und alle Arbeiten – sowohl die, die Gespräche, als auch die, die besondere Ruhe erfordern – im gleichen Raum erfolgen müssen, greift die Lehrerin zu diesem Mittel, um den unterschiedlichen Ansprüchen der Arbeit und der Kinder gerecht zu werden.

Je nach Klasse können die Regeln, wie die Arbeitsruhe hergestellt und erhalten wird, verschieden sein. Allen gemeinsam aber ist, daß die Lehrerin weniger durch laute Worte als vielmehr durch verabredete und eingeübte Zeichen an die Regeln erinnert. Zeichen stören weniger und sind oft wirkungsvoller als Reden. Da Grundschulkinder Aufgaben gerne in Partner- und Kleingruppenarbeit erledigen und sich dabei sehr engagieren können, kann der Geräuschpegel auch schon einmal ansteigen. Wichtig ist aber, daß die ruhige Arbeitsatmosphäre immer wieder hergestellt wird.

Besucher, die die Freiarbeit beobachten, sehen sehr unterschiedliche Aktivitäten: Kinder, die sich eine Arbeit holen oder die eine Arbeit aufräumen; Kinder, die in Einzelarbeit, Partnerarbeit oder Kleingruppenarbeit tätig sind; Kinder, die an ihrem Tisch arbeiten, auf einem Teppich auf dem Boden oder im Flur; Kinder, die sehr konzentriert sind; Kinder, die sich unterhalten; auch Kinder, die Störungen verursachen.

Die Arbeitsatmosphäre wird von den Besuchern meist als friedlich und ruhig erlebt. Sie wundern sich, daß die Lehrerin den Überblick behält. Sie wünschen sich, sie könnten besser erkennen, warum die Kinder dieses und jenes tun und wie alles angefangen hat.

Das ist natürlich von einem einmaligen Unterrichtsbesuch nicht zu erwarten.

4.2. Ziel der Freiarbeit

Ziel der Freiarbeit ist es, das Kind zu konzentrierter Arbeit zu führen. In der Konzentration binden sich alle Kräfte – Hand, Herz und Geist – an eine Tätigkeit. Die Person läßt sich auf diese Tätigkeit ganz ein. Maria Montessori spricht von der „Polarisation der Aufmerksamkeit". Sie entdeckte dieses Phänomen, als sie ein dreijähriges Mädchen in dem ersten von ihr eingerichteten Kindergarten in Rom beobachtete. Sie sah, wie dieses Kind die Einsatzzylinder des sogenannten Zylinderblocks unzählige Male in die Öffnungen des Blocks hineinsteckte und wieder herauszog. Es war völlig in seine Tätigkeit versunken. Die Dinge, die um es herum vorgingen, interessierten es nicht mehr. Als das Kind seine Tätigkeit nach einer Weile einstellte, wandte es sich glücklich und zufrieden wieder den anderen zu, und je mehr die konzentrierte Tätigkeit bei allen Kindern zur Gewohnheit wurde, desto ausgeglichener und lernfreudiger wurden sie. (4, 119f)

Die Entdeckung des Phänomens der „Polarisation der Aufmerksamkeit" mit seinen Auswirkungen auf die Psyche des Kindes wurde für Maria Montessori zum Ausgangspunkt ihrer weiteren Arbeit. Sie erforschte fortan die Bedingungen für die Wiederholbarkeit dieses Phänomens in Elternhaus, Kindergarten und Schule. Sie erkannte die Wichtigkeit der Vorbereiteten Umgebung mit ihren sorgsam ausgesuchten Arbeitsmitteln und den Prinzipien der Bewegungs-, Zeit- und Entscheidungsfreiheit sowie einem veränderten Lehrerverhalten.

In der konzentrierten Arbeit erwirbt das Kind nicht nur Kenntnisse, sondern es stärkt auch sein Selbstbewußtsein, schafft sich Zugänge zur Bewältigung der Wirklichkeit und erwirbt soziale Kompetenz. Durch die Gewöhnung an konzentrierte Arbeit trainiert es Ausdauer, Zielstrebigkeit, Zuverlässigkeit und Anstrengungsbereitschaft. Die Wirkung der „Polarisation der Aufmerksamkeit" ist also viel umfassender, als man gemeinhin unter der Forderung versteht, ein Kind soll sich konzentrieren, um zu einem Arbeitsergebnis zu kommen.

„Denn der Wert liegt nicht in der Arbeit an sich, sondern in der Arbeit als Mittel zum Aufbau des inneren Menschen." (7, 170)

4.3. Beschreibung des Phänomens „Polarisation der Aufmerksamkeit"

Die Lehrerin will Sabine und Andi zeigen, wie man im Faltschnitt einen Schmetterling herstellt. Sie faltet ein Blatt, zeichnet an die Bruchkante einen halben Schmetterling, schneidet ihn aus, faltet das Blatt auf und zeigt den Kindern den nunmehr vollständigen Schmetterling. Sabine ist begeistert, macht die Technik nach und schneidet dann ohne weitere Hilfe der Lehrerin viele Schmetterlinge aus. Andi zeigt wenig Anteilnahme, macht aber trotzdem nach, was die Lehrerin ihm gezeigt hat. Die Lehrerin geht weg, um sich anderen Kindern zuzuwenden. Auf einmal steht Andi ganz aufgeregt neben ihr. Er zeigt ihr einen Schmetterling und ruft begeistert: „Schau mal, wenn ich erst ein Blatt falte und dann einen halben Schmetterling dahin male und das dann ausschneide und dann aufklappe, guck mal, was da entsteht: ein Schmetterling! Was, da staunst du aber!" Er strahlt die Lehrerin an und lacht vor Freude, als sei er der erste Entdecker von Faltschmetterlingen.

Dieses Erlebnis kann unter verschiedenen Gesichtspunkten interpretiert werden. Die Lehrerin freut sich, daß Andi die Faltschnitt-Technik plötzlich verstanden hat, nun eine ganze Weile intensiv tätig ist, dabei seine Vorstellungskraft und Geschicklichkeit übt und erste Erfahrungen mit Symmetrieachsen und Spiegelbildlichkeit gewinnt. Die Mutter, der Andi voller Stolz erzählt, daß er ganz allein Faltschmetterlinge ausgeschnitten habe, freut sich auch und wird vielleicht sagen: „Das ist schön! Dann hast du ja ein Geschenk, wenn der Papa bald Geburtstag hat." Der Vater wird sich über den Schmetterling freuen und, je nachdem, wie das Werk gelungen ist, sagen: „Mein Andi ist wirklich geschickt und ideenreich." Oder er wird denken: „Na, Kunst ist nicht gerade seine Stärke." Die Lehrerin und die Eltern gehen in ihrer Beurteilung von der Aufgabe aus, die der Unterricht in der Schule zu leisten hat: Er soll die Lernfreude beim Kind wecken und erhalten und soll zu Ergebnissen führen, an denen wir ablesen können, ob die Lernziele erreicht sind. Dies ist der eine, berechtigte Aspekt, nach dem wir die Erfolge des Unterrichtes beurteilen können. Aber es gibt noch einen zweiten Aspekt. Von diesem Aspekt spricht Maria Montessori, wenn sie erklärt:

"Zwischen dem ‚Verstehen', warum eine Person versucht, uns mit ihrer Rede die Erklärung eines Dinges einzuprägen, und dem eigenen ‚Verstehen' der Sache besteht ein unendlicher Unterschied. ... Derjenige, der ‚selbst versteht', hat einen unerwarteten Eindruck: Er fühlt, daß sein Bewußtsein frei geworden ist und daß in ihm etwas hell aufleuchtet. Das Verstehen ist dann nicht etwas Gleichgültiges. Es ist der Beginn von etwas, manchmal ist es der Beginn eines Lebens, das sich in uns erneuert. ... Wenn man sagt ‚Es geht mir ein Licht auf', meint man damit einen schöpferischen Vorgang. ... Dieses Sichauftun des Geistes ist das aktive Verstehen, das von starken Gemütsbewegungen begleitet ist und das man daher wie ein inneres Erlebnis ‚verspürt'." (7, 203f)

Das aktive Verstehen kann überraschend aufleuchten wie bei Andis Versuch mit dem Faltschmetterling. Es kann weniger auffallend vor sich gehen wie bei Sabine. Aber gleichgültig, ob das aktive Verstehen still oder gut beobachtbar vor sich geht, es ruft beim Kind immer das Bedürfnis hervor, die entsprechende Tätigkeit zu wiederholen. Andi und Sabine werden nun eine längere Zeit damit zubringen, in engagierter Arbeit Faltschmetterlinge herzustellen. Auch in den nächsten Tagen werden sie gleich zu Beginn der Freiarbeit diese Arbeit fortführen wollen. Sie werden herausfinden, daß man auch andere Motive in dieser Technik herstellen kann, und sie werden eine bestimmte Sicherheit darin gewinnen. Es ist ein Arbeitszyklus entstanden, der je nach Kind kürzer oder langandauernd sein und sich über mehrere Tage hinziehen kann, der aber immer geprägt ist von Ausdauer, Freude und Eigeninitiative.

4.4. Die Rückwirkung der engagierten Tätigkeit auf die Psyche des Kindes

4.4.1. Stärkung der Personalität und der sozialen Fähigkeiten

Das Erlebnis des Verstehens weckt die Liebe zu dieser Tätigkeit, und das Kind will diese durch Wiederholung ganz in seinen Besitz nehmen. Es hat eine innere Beziehung zu einem Lerngegenstand gefunden. „Lerngegenstand" ist aber stets ein Stück der Lebenswirklichkeit, in der wir leben: sei es ein Teil der von den Menschen geschaffenen Kultur, sei es ein Teil der Gesetzmäßigkeiten der Natur. Das Kind fühlt plötzlich eine Harmonie zwischen seiner Person und der Gesetzmäßigkeit der Außenwelt. Und in diesem Erlebnis bekommt es eine neue Beziehung zu sich selbst. Aktives Verstehen wird als Freude und als Kraftzuwachs erlebt. Das Kind fühlt sich bestätigt und angenommen. Es findet seinen Platz in der Ordnung der Welt und fühlt sich dazugehörig. Aus diesem Bewußtsein heraus kann es sich den anderen Personen und den Dingen der Umwelt in Liebe zuwenden. (1, 246) In dem Maße, wie eine Person ein gesichertes Verhältnis zu sich selbst hat, kann sie sich auch anderen Menschen zuwenden und ihnen mit Verständnis begegnen. Und sie kann ihre Fähigkeiten zum Wohl der Gemeinschaft einbringen.

4.4.2. Eroberung von Freiheit und Disziplin

Wenn sich jemand selbstvergessen auf eine Arbeit einläßt, so läßt er sich auch auf deren Gesetzmäßigkeit ein. Wenn Andi seinen Faltschmetterling richtig ausschneiden will, muß er den Unterschied zwischen Bruchkante und offenen Seiten des Papiers beachten, und er muß die Form eines Schmetterlingsflügels beherrschen. Erst wenn er dies kann, wird er Erfolg haben und sich an der Stimmigkeit zwischen seinen Bemühungen und den Gesetzmäßigkeiten der Sache erfreuen können. Ein Kind, das die Sachgesetze mißachtet, weil es sie nicht akzeptieren will oder kann, wird nicht zum Erfolg kommen und die Freude nicht erleben, die aus der inneren und äußeren Übereinstimmung erwächst. Voraussetzung für erfolgreiches Arbeiten ist also eine Art Gehorsam: sich einlassen auf die Gesetzmäßigkeit der Sache. Die „Unterordnung" unter die Sachgesetze führt schließlich durch Übung zur Souveränität über die Sache: Ich beherrsche sie, weil ich mit ihr richtig umgehen kann. Dieses Verhältnis von Gehorsam und Beherrschung führt letztlich zur Freiheit und Disziplin beim Menschen.

In gleicher Weise gilt dies auch für die Regeln, nach denen Menschen in Gruppen zusammenleben. Regeln, die die existentiellen Bedürfnisse des einzelnen Menschen nach Liebe und Geborgenheit, Nähe und Abgrenzung, Arbeit und Muße, Bewegungs- und Wahlfreiheit seiner Arbeit achten, sind Gesetzmäßigkeiten, die dem Menschen gemäß sind und das Wohlbefinden des einzelnen wie der Gruppe sichern. Voraussetzung ist auch hier, daß sich die Kinder auf diese Regeln einlassen und dadurch zu einer gesicherten Freiheit in der Gruppe kommen.

4.5. Verlaufsform der konzentrierten Arbeit

4.5.1. Phase der Vorbereitung

Einer konzentrierten Arbeit geht gewöhnlich eine Phase der Unruhe voraus. Das Kind ist auf der Suche nach einer Arbeit. Es beginnt vielleicht eine Aufgabe, unterbricht sie aber bald wieder, bis es schließlich gefunden hat, was es wirklich will. Das Motiv für die Suche liegt im Kind selbst, es folgt seiner inneren Stimme, seinem Interesse. Hat es eine Arbeit gefunden, so holt es die Gegenstände zusammen und bereitet den Platz vor; so stellt es sich innerlich auf die Tätigkeit ein. Die Lehrerin sorgt für eine geordnete Atmosphäre, läßt den Kindern aber Zeit; denn eine zu frühe Lenkung führt die Kinder von ihren eigenen Arbeitsvorhaben fort und verhindert, daß sie lernen, ihre Interessen auch wahrzunehmen. Eine gezielte Lenkung ist nur bei den Kindern nötig, von denen die Lehrerin durch Beobachtung und Erfahrung weiß, daß ihnen dies hilft, sich überhaupt zu entscheiden.

Phasen der Arbeitssuche entstehen zu Beginn jeder Freiarbeit bei fast allen Kindern; auch die Kinder, die mit festen Arbeitsvorhaben zur Schule kommen, wollen sich erst mit ihren Freunden austauschen, die Arbeit besprechen und müssen die Gegenstände an ihren Platz holen. Ferner entstehen Suchphasen dann, wenn die Kinder eine Arbeit beendet haben und eine neue auswählen. Da die Arbeitszyklen der einzelnen Kinder verschieden lang sind, laufen Phasen konzentrierter Arbeit mit Phasen der Arbeitssuche parallel. Daher hat die Lehrerin dafür zu sorgen, daß die Ruhe in der Klasse erhalten bleibt.

4.5.2. Phase der großen Arbeit

Wenn ein Kind sich für eine Arbeit entschieden hat, folgt die Phase der Vertiefung, der „großen Arbeit". Während das Kind tätig ist, gilt seine Aufmerksamkeit immer intensiver der durchgeführten Tätigkeit. Es wehrt Ablenkungen ab und bleibt so lange bei seiner Aufgabe, bis eine innere Sättigung erreicht ist. Die zeitliche Dauer dieser Vertiefung kann je nach Kind und Alter sehr verschieden sein, und sie kann in Einzel-, Partner- oder Kleingruppenarbeit stattfinden. In der Grundschule können Arbeitsphasen sowohl 20 Minuten als auch zwei und mehr Schulstunden umfassen (auch bei Erstkläßlern), und es wird an gleichen Themen für viele Tage, ja Wochen, gearbeitet. Das heißt, wenn Kinder sich für ein Thema interessieren, so wird dieses Interesse über die Stunden des gebundenen Unterrichtes, durch den die Freiarbeit begrenzt wird und über den schulfreien Nachmittag hinaus gespeichert und am nächsten Tag weitergeführt.

4.5.3. Phase des Ausklangs

Nach Beendigung der engagierten Arbeit räumt das Kind die Gegenstände, die es für seine Arbeit brauchte, fort und macht eine Pause. Es geht dann gern durch die Klasse, schaut, was die anderen Kinder tun, sucht vielleicht nach Bestätigung durch die Lehrperson oder hält bereits nach neuen Arbeitspartnern Ausschau. Gedanklich ist es noch der eben durchgeführten Tätigkeit verbunden, so daß eine Weile vergeht, ehe es sich wieder einer neuen Arbeit zuwenden kann.

4.5.4. Gewöhnung an Arbeit

Wenn die konzentrierte Arbeit zur Gewohnheit wird, stabilisiert sich die Haltung des Kindes. „Das ist die Zeit, in der das Kind beginnt, ‚Herr seiner selbst' zu werden." (7, 103) Voraussetzung ist, daß „täglich eine wirkliche Arbeit vollbracht wird"(7, 104). Erst die vollständigen Arbeitszyklen und die Möglichkeit, täglich neu verantwortlich für seine Arbeitsvorhaben zu sein, festigen im Kind Ausdauer, Zielstrebigkeit und Eigenverantwortlichkeit. Das heißt nicht, daß immer in der gleichen Intensität gearbeitet wird. Es lassen sich in der Praxis Phasen sehr intensiver und interessierter Arbeit beobachten, die sich mit weniger intensiven Arbeitsphasen abwechseln, weil die Begeisterung für ein Thema sich nicht nahtlos an eine neue Begeisterung für ein anderes Thema anschließt. Die Lehrerin kann auch hierin den Kindern Zeit lassen. Sie sollte wohl überprüfen, ob durch das Angebot an Arbeitsmitteln, durch ihre eigenen Vorschläge oder durch Themen des gebundenen Unterrichtes genügend Interessenpunkte da sind, die das Kind aufgreifen kann.

4.5.5. Unterschiedliche Formen der konzentrierten Arbeit

Beobachten wir Kinder in der Schule, so stellen wir fest, daß die Fähigkeit zu konzentrierter Arbeit sehr verschieden sein kann; auch die äußere Erscheinungsform der Konzentration ist unterschiedlich.

Es gibt Kinder, die besonders begabt sind mit der Fähigkeit zur Konzentration. Sie können in ihre Arbeit versinken wie ein Taucher ins Wasser. Störungen gleiten an ihnen ab, als säßen sie in einer unsichtbaren Zelle. Es sind Kinder, die Einzelarbeit bevorzugen, ohne daß sie deswegen arm an Kontakten wären. Auch wenn sie sich zur Partner- oder Gruppenarbeit entschließen, so folgen sie schon bald ihren eigenen Gedankengängen und dem eigenen Lerntempo, so daß die Partnerarbeit letztlich in die ganz individuelle Arbeit einmündet. Das äußere Erscheinungsbild ist gekennzeichnet durch nach innen gerichtete Versenkung.

Andere Kinder arbeiten auch sehr ausdauernd und zielstrebig, ihre Konzentration richtet sich jedoch gleichzeitig auf ihre Arbeit wie auf die Geschehnisse der Umgebung. Diese Kinder bevorzugen Partnerarbeit und wählen gerne Tätigkeiten, die handelnden Umgang und Gespräche erfordern. Sie nehmen wachen Anteil an allem, was um sie herum geschieht, ohne das Ziel ihrer Arbeit aus dem Auge zu verlieren. Sie können zwischendurch auch andere kleine Aufgaben erledigen, z. B. dem an die Tür klopfenden Postboten den Weg ins Büro zeigen, um dann wieder mit gleichbleibendem Interesse an ihre Arbeit zurückzukehren. Wird ihnen jedoch eine Störung zu groß, können sie diese auch abwehren. Diese Form der Konzentration bietet nicht das Bild von Versunkenheit oder Stille, sondern das einer lebhaften, engagierten Tätigkeit.

Ferner gibt es die Kinder, die man die stillen, stetigen Arbeiter nennen könnte. Sie fallen weder durch besondere Versunkenheit, noch durch große Begeisterung auf. Sie fragen wenig, geraten selten in Konflikte, und man kann leicht dazu neigen, sie zu übersehen. In Wahrheit sind sie sowohl in Einzel- oder Partnerarbeit sehr zielstrebig und ausdauernd beschäftigt, wenden sich den angebotenen Themengebieten gleichmäßig zu und bewältigen eine Menge an Pensum.

Wieder andere Kinder sind zu konzentrierter Arbeit fähig und bereit, doch können sie Ablenkungen schlecht abwehren, so daß ihre Arbeitshaltung besonders abhängig von den äußeren Gegebenheiten ist: Ist die Arbeitsatmosphäre ruhig und geordnet, gelingt ihnen auch das Sich-Versenken in eine Arbeit. Ist es unruhig und laut, überträgt sich die Unruhe auf sie, und sie verlieren die Beziehung zu dem, was sie tun.

Es gibt auch Kinder, die vor einer wirklichen Bindung an die Arbeit zu fliehen scheinen. Es ist, als hätten sie Angst, sich zu verlieren, wenn sie über die Arbeit sich selbst vergessen. Sie erledigen ihre Arbeiten durchaus korrekt, müssen aber immer wieder zu neuen Aufgaben ermuntert oder angehalten werden. Freude oder Begeisterung keimen nur selten auf, stabilisieren sich aber nicht.

Einige Kinder haben echte Interessen, wollen auch lernen, sind aber so leicht ablenkbar, daß sie eigentlich eine kleine Klosterzelle bräuchten, um zu sich selbst und zur Ruhe zu kommen. Dies sind z. B. Kinder mit leichten Koordinierungsstörungen; Übungen, die feinmotorische Bewegungen verlangen wie das Schreiben oder auch das Aufdrehen einer Schraube mit einem Schraubenzieher, um einen Klingeldraht anzuschließen, sind sehr anstrengend für sie. Sie geben deswegen ihre Arbeit schnell und entmutigt auf und möchten sich am liebsten auf das bloße Durchblättern von Büchern, auf Gespräche oder sonstige wenig anstrengende Beschäftigungen zurückziehen. Da sie gleichzeitig stets auf Kontaktsuche sind, kann sich die Unruhe dieser Kinder leicht auf andere übertragen.

Wieder andere Kinder sind in ihren Fähigkeiten gestört, Interessen zu entwickeln und diese in tätiges Lernen umzusetzen. Sie lassen sich lieber unterhalten und scheuen die Mühen, die ein aktives Leben mit sich bringt. Diese Kinder müssen zur Arbeit erst einmal hingeführt werden, was von seiten der Lehrerin sehr viel Konsequenz und Anstrengung erfordert.

4.6. Erzieherverhalten während der Arbeitsphase des Kindes

Bedeutsam für das Zustandekommen eines vollständigen Arbeitszyklusses sind nicht nur Material und Wahlfreiheit, sondern auch das Erzieherverhalten. In der Phase der Vorbereitung beobachtet der Erwachsene das Kind und hilft, wenn Hilfe nötig ist; er berät oder leitet an. Besonders jene Kinder, die mit ihrer Entscheidungs- und Wahlfreiheit noch nicht verantwortlich umgehen können, brauchen die Hilfe der Lehrkraft. In der Phase der Vertiefung ist es ihre Aufgabe, das Kind in Ruhe arbeiten zu lassen, keine Ratschläge, keine Hilfestellungen und auch keine Ermunterungen mehr zu geben.

„Sobald die Konzentration beginnt, muß sie tun, als ob das Kind nicht existiert. Sie kann natürlich schauen, was das Kind tut, aber mit einem schnellen Blick, ohne daß sie es merken läßt." (1, 253)

Jede Zuwendung muß unterbleiben, weil sie das Kind nur aus dem inneren Gleichklang herausreißt und von dem gerade gefundenen Weg wegführt. Jeder hat wohl schon die Erfahrung gemacht, daß man nicht arbeiten kann, wenn einer einem über die Schulter schaut. Leider ist gerade das übliche Schulpraxis, so daß die Übung, arbeitende Kinder völlig in Ruhe zu lassen, Lehrern und Lehrerinnen nicht gerade leichtfällt. In der Phase des Ausklangs kann die Aktivität der Lehrpersonen wieder gefragt sein: das Kind sucht z. B. nach Bestätigung oder Zuwendung. Montessori legt größten Wert darauf, daß die Erzieher unterscheiden können, zu welchem Zeitpunkt sie eingreifen und zu welchem sie sich zurückhalten müssen. Denn in dem einen Fall helfen sie dem Kind zur konzentrierten Arbeit, und im anderen verhindern sie diese.

4.7. Normalisierung

In dem Maße, wie Kinder sich daran gewöhnen, konzentriert zu arbeiten, erwerben sie nicht nur reiche Kenntnisse, sondern verändern sich auch in ihrem Arbeits- und Sozialverhalten: Sie werden selbständiger, eigenverantwortlicher, ausdauernder und disziplinierter. Montessori nennt ein solches Kind ein „normalisiertes" (7, 185) oder ein „geordnetes" (7, 117) Kind. Unter einem normalisierten oder geordneten Kind versteht Montessori ein psychisch gesundes Kind, das sich gemäß seinen existentiell wichtigen Wachstumsbedürfnissen harmonisch entwickeln konnte. (3, 35)

Das nicht normalisierte Kind wurde in den Äußerungen seiner Lebensenergie behindert, so daß es Abweichungen von seiner normalen Entwicklung hinnehmen mußte.

Kinder z. B., die in ihren Aktivitäten oft gestört wurden und die keine ausreichenden Möglichkeiten hatten, ihr Tun, Wollen und Denken in sinnvolle Tätigkeit umzusetzen, entwickeln alle jene Merkmale, die wir von unruhigen, schnell ablenkbaren Kindern kennen: Unlust, Unkonzentriertheit, Ungeschicklichkeit, Bindungsschwerfälligkeit etc. Der Weg der Heilung liegt darin, das Kind wieder an Anstrengung und Aktivität in einer auf seine Wachstumsbedürfnisse hin konzipierten Umgebung zu gewöhnen. „Die Normalisierung kommt von der Konzentration auf eine Arbeit." (1, 184) Allerdings muß es eine Arbeit sein, die das Kind wirklich interessiert, so daß seine Personalität mit einbezogen wird.

Je älter das nicht normalisierte Kind ist und je mehr sich Unkonzentriertheit, Unlust oder fehlende Anstrengungsbereitschaft manifestiert haben, desto mehr braucht das Kind die konsequente und fürsorgliche Anleitung durch die Erwachsenen; diese sind Ärzten vergleichbar, die sich zunächst darum kümmern müssen, daß das Kind auf den Weg der Gesundung gebracht wird. (3, 38) Kann einem normalisierten Kind beim Arbeiten in der Vorbereiteten Umgebung Wahl- und Zeitfreiheit eingeräumt werden, so bestimmt bei einem nicht normalisierten Kind zunächst der Lehrer, wieviel Freiheit einem Kind gegeben werden kann, denn es muß eine Begren-

zung erfahren, damit es nicht mit oberflächlichen Beschäftigungen seine Zeit verschwendet und sich selbst an der Versenkung in eine Arbeit hindert. (8, 20) Montessori bezeichnet in diesem Zusammenhang die Normalisierung auch als „Genesung". (1, 185) Normalisierung ist Genesung von falschen und abwegigen Entwicklungen. Folgendes Beispiel erklärt eine solche – allerdings nur kurz anhaltende – Genesung:
Jule ist ein fröhliches Mädchen, das die Freiarbeit vor allem dazu nutzen will, geselligen Kontakt aufzunehmen. Am liebsten holt sie sich zusammen mit einer Freundin eine leichte Arbeit und plaudert dann munter über alles mögliche, nur zum Arbeiten kommt sie nicht. Meine wiederholten Anstrengungen, ihr angemessene Aufgaben anzubieten, nimmt sie recht oberflächlich an, solange ich neben ihr sitze. Wenn ich weggehe, hört Jule wieder auf zu arbeiten und nimmt die lebhafte Plauderei wieder auf. Eines Tages wurde ich dann recht ärgerlich. „Verflixt", dachte ich, „das geht so nicht weiter. Jetzt werde ich bestimmen, was sie zu tun hat. Sie soll weiter am Rechenrahmen arbeiten, so wie ich es ihr gestern gezeigt habe." Gedacht, getan. Ich sagte Jule, daß sie den Rechenrahmen holen und die Aufgaben von gestern weiter bearbeiten solle, daß ich von ihr erwarte, daß sie heute damit fertig werde und beim Arbeiten kein Wort mehr rede. Und eine Freundin dürfe sich auch nicht neben sie setzen. Darauf holte Jule – schmollend – den Rechenrahmen und begann zu rechnen, erst betont langsam und mit beleidigtem Gesicht, dann aber vergaß sie beim Arbeiten, daß sie eigentlich nicht rechnen wollte, die Aufgaben begannen sie zu interessieren, und sie blieb mit zunehmender Freude bis zum Ende der Freiarbeit bei ihren Übungen. Als sie dann beim Aufräumen das Heft – sichtlich mit sich und der Welt zufrieden – in mein Ablagekörbchen legte, sagte sie: „Ich fühle mich heute so heilig." Leider hat ihre „Heiligkeit" nicht lange angehalten. Sie blieb ein Kind, das immer die Führung der Lehrerin brauchte, wenn sie zu konzentrierter Arbeit kommen sollte. Aber das Beispiel zeigt doch deutlich, welche Wirkung eine konzentrierte Arbeit auf das Verhalten eines Menschen hat.

Je nach Klassenzusammensetzung kann die Durchführung der Freiarbeit in der Praxis erfolgreich und erfreulich oder sehr anstrengend und auch enttäuschend sein. Sind in einer Klasse viele entwicklungsgestörte Kinder, so leidet die Freiarbeit an einem Mangel an Disziplin, Ausdauer und Arbeitsfreude. Zwar ist die „Normalisierung" Folge der Gewöhnung an konzentrierte Arbeit, aber auch deren Voraussetzung:

„Nur die ‚normalisierten', von der Umgebung unterstützten Kinder offenbaren in ihrer sukzessiven Entwicklung die wunderbaren Fähigkeiten, die wir beschreiben; die spontane Disziplin, die ständige, freudige Arbeit, die sozialen Gefühle der Hilfe und des Verständnisses für die anderen." (1, 185)

Freudiges Arbeiten, Disziplin und soziale Kompetenz sind tatsächlich die Kennzeichen psychisch gesunder Kinder. Allerdings kann die begeisterte Sprache Maria Montessoris in diesem Zitat eine allzu hohe Erwartung hervorrufen. Es muß daran erinnert werden, daß auch die „normalisierten" Kinder Freude am Unsinn oder dem Ausloten von Grenzen haben und immer auch die Abstützung der Umgebung und die Abstützung durch die Erwachsenen brauchen. Es sind noch positiv und negativ beeinflußbare Kinder und keine reifen Erwachsene.

Ob die Stabilisierung der Kinder durch engagierte Arbeit anhält, hängt oft weniger vom Einsatz der Lehrerin als vom sozialen Umfeld der Kinder ab. Wächst es zu Hause in einer Erziehungsatmosphäre auf, die vergleichbar mit den Bemühungen der Schule ist, so kann man das positive Wachstum der Kinder gut beobachten. Sind die Erziehungsbemühungen der Schule und die des Elternhauses verschieden oder gar konträr, so kann man in der Schule zwar beobachten, wie sich Kinder durch die Beständigkeit der Freiarbeit ordnen, doch ist die Stabilität schnell wieder ins Wanken gebracht, wenn die Kinder in andere Situationen kommen.

Die „Genesung" durch Arbeit führt aber nicht bei allen Kindern zum Erfolg. Ein Kind z. B., das den Verlust einer lebenswichtigen Beziehung erlitten hat, das mißhandelt wurde oder das keine Geborgenheit in der elterlichen Liebe erfahren hat, braucht außerschulische, therapeutische Hilfe, um mit tiefgreifenden Störungen fertig zu werden.

5. Das Bedingungsgefüge der Freiarbeit

„Freiarbeit" im Sinne der Montessori-Pädagogik ist an bestimmte Voraussetzungen geknüpft, die Maria Montessori sehr genau beschrieben hat. Bei der erfolgreichen Durchführung von Freiarbeit im Sinne der Montessori-Pädagogik muß ein ganzes Bedingungsgefüge beachtet werden.

5.1. Die Eigenschaften des Arbeitsmaterials

Selbsttätiges Lernen in der Freiarbeit wird erst durch Gegenstände möglich, mit denen man zielgerichtet arbeiten und seine Fähigkeiten erproben kann. Montessori bezeichnet ihr Arbeitsmaterial als „Entwicklungsmaterial", mit dessen Hilfe das Kind seine geistigen Energien entwickeln kann. Sie stellt es in Gegensatz zu den Materialien der „alten Schule", bei der es eine Hilfe für den Lehrer ist, seine Erklärungen einer still zuhörenden Klasse von Kindern zu veranschaulichen. (7, 86) Montessori-Arbeitsmittel sind auch keine Lernspiele, mit deren Hilfe man sich „spielerisch" Kenntnisse einprägen soll. „Spielerisch Lernen" steht manchmal als Schlagwort in Zeitungen, wenn sie über Montessori-Schulen oder über Freie Arbeit berichten, aber das hat nichts mit der Intention Maria Montessoris zu tun. Montessori bezeichnet handelndes Lernen stets als „Arbeit", durch die das Kind nicht nur Kenntnisse erwirbt, sondern vor allem seine Persönlichkeit strukturiert. Daß dabei manchmal für den Betrachter die Grenzen von Spiel und Arbeit nicht genau zu beobachten sind, liegt einmal an der Arbeitsfreude von Kindern, zum anderen an der Fähigkeit der Beobachter, die kindliche Tätigkeit in ihrer Bedeutung für das psychische Wachstum des Kindes zu erkennen oder nicht zu erkennen.

Damit die Arbeitsmittel als „Entwicklungsmaterial" ihre Aufgabe erfüllen können, müssen sie bestimmte Eigenschaften aufweisen.
Das Material muß:
- dem kindlichen Verständnisgrad angepaßt sein,
- den Forschungstrieb befriedigen,
- die Vorstellungskraft des Kindes entwickeln,
- über das Studium des Details eine Vision des Ganzen vermitteln,
- grundlegendes Interesse für viele Wissenschaftsbereiche wecken,
- zu geistiger Disziplin und zu geordneten Kenntnissen führen,
- eine selbständige Fehlerkontrolle ermöglichen.

Die Arbeitsmittel müssen so beschaffen sein, daß sie dem kindlichen Verständnis angepaßt sind. Montessori spricht davon, daß das Kulturgut dem „kindlichen Geist erreichbar" sein muß, so daß es „durch eigene Arbeit eindringen und sich begeistern kann." (3, 35) Sie betont aber auch, daß der „Kulturinhalt selbst" in seiner Eigengesetzlichkeit richtig dargestellt sein müsse. (7, 86)

Fünf- und sechsjährige Kinder interessieren sich z. B. besonders für große Zahlen, obwohl sie auf Grund ihres Entwicklungsstandes diese abstrakt noch gar nicht erfassen können. Ich erlebte z. B. einmal ein fünfjähriges Mädchen, das sich mit bedeutungsvoller Aussprache die Zahlen „Hundert" und „Tausend" vorsprach und dabei versuchte, am Wortklang zu erkennen, welche Zahl größer sei. Das Mädchen entschied sich schließlich für „Tausend", weil es dieses Wort beim Sprechen noch besser aufblähen konnte als „Hundert". Wenn auch das Ergebnis dieser Bemühungen zufällig richtig war, so wäre dem Kind sicher ein Material hilfreich gewesen, das die Ordnung der Zahlen dem kindlichen Geist auf sachgerechte Art „erreichbar" gemacht hätte. Mit dem Goldenen Perlenmaterial und dem „Kartensatz" hat Montessori ein Arbeitsmittel geschaffen, das dem Kind hilft, seinem Interesse auch auf dieser frühen Stufe folgen und sich im Zahlenbereich orientieren zu können. Lose Perlen versinnbildlichen die Einer; zehn Perlen auf einem Draht sind zum Zehner gebündelt; zehn Zehnerstangen sind zu einem Hunderter zusammengefaßt, und zehn Hunderter bilden aufeinander gestapelt einen Tausenderkubus. Der Tausender ist schwer und macht schon durch sein Gewicht deutlich, daß tausend Perlen wirklich sehr viel sind. Einer, Zehnerstangen, Hunderterquadrate und Tausenderwürfel sind so oft vorhanden, daß die Kinder damit mehrere gemischte Tausenderzahlen bilden können. Zu diesem Material gibt es zehn Karten mit den Ziffern 1 bis 10, zehn Karten mit den Zahlen von 10 bis 20, weitere zehn Karten mit den Zahlen von 100 bis 200 und außerdem zehn Karten mit den Zahlen von 1000 bis 9000. Diese Karten kann man verschiedenen Zahlenmengen, die man hergestellt hat, zuordnen. Man kann sie so aufeinanderlegen, daß gemischte Zahlen entstehen. In verschiedenen einführenden Übungen macht die Lehrerin die Kinder mit dem Goldenen Perlenmaterial und dem Kartensatz vertraut. Das Kind lernt, Einer, Zehner, Hunderter und Tausender voneinander zu unterscheiden. Es kann fünf Einer, acht Zehner, sieben Hunderter oder drei Tausender richtig benennen und sie den Zahlzeichen zuordnen. Schließlich kann es gemischte Zahlen legen. Je größer die Zahlen, desto spannender ist die Übung, und die Zahl, die am meisten Begeisterung weckt, ist die Zahl 9999.

Zwei Erstkläßler machen sich mit Hilfe des „Goldenen Perlenmaterials" mit den Einern, Zehnern, Hundertern und Tausendern des Dezimalsystems vertraut.

Das Material muß den Forschungstrieb befriedigen. Denn Lernen wird dann spannend, wenn das Kind das, was andere schon vor ihm entdeckt haben, für sich selber neu entdecken kann.

„Das Gut dieser Kultur dem Kind durch das Wort zu übermitteln, ist bedeutungslos; wesentlich, daß es dieses Kulturgut erlebt. ... Das Interesse des Kindes hängt allein von der Möglichkeit ab, eigene Entdeckungen zu machen." (3, 35)

Wie die Ausführungen zur Arbeit mit dem Goldenen Perlenmaterial schon deutlich gemacht haben, ist es das eigenständige Entdecken von Strukturen und Ergebnissen, die das Kind dazu bewegen, die Übungen ausdauernd durchzuführen.

Ähnlich wie sich Erstkläßler nicht nur mit dem Zahlenraum 1 bis 10 beschäftigen, sondern gleich die ganze Ordnung des Dezimalsystems kennenlernen wollen, möchten sie auch ganz schnell lesen und schreiben lernen. Manche Kinder kommen mit der Vorstellung zur Schule, dies in den ersten Tagen bereits bewältigen zu können. Um diese hohe Motivation aufzufangen, brauchen die Kinder Arbeitsmittel, die ihnen erlauben, schon früh erste Erfahrungen mit dem Schreiben von Wörtern zu machen. Kinder, die aus einem Montessori-Kinderhaus kommen, haben meist schon mit Hilfe der „Sandpapierbuchstaben" die Schreibweise von etlichen Buchstaben kennengelernt. Vielleicht haben sie auch schon mit Hilfe des „Beweglichen Alphabetes" Wörter aufgebaut. Bei den Sandpapierbuchstaben handelt es sich, wie der Name schon sagt, um Buchstaben aus Sandpapier, die auf ein Holzbrett aufgeklebt sind. Man zeigt den Kindern, wie man mit Zeige- und Mittelfinger so über die Buchstaben fährt, daß eine richtige Schreibbewegung entsteht. Beim „Beweglichen Alphabet" handelt es sich um ausgeschnittene Buchstaben aus Pappe, die in einem Kasten liegen und mehrmals vorhanden sind, so daß man damit Wörter legen kann. Kind oder Lehrerin sprechen ein Wort langsam und deutlich vor, das Kind horcht auf die Laute und ordnet ihnen die entsprechenden Buchstaben zu. So kann es bereits erste Wörter „schreiben", bevor es noch lesen kann. (5, 136 f) Statt des „Beweglichen Alphabetes" kann die Lehrerin den Kindern auch eine Anlauttabelle geben, um ihnen die Gesamtheit der Buchstaben vorzustellen (vgl. Reichen 1988). Auf der Anlauttabelle sind alle Buchstaben aufgeschrieben und mit jeweils einem Bild versehen, dessen Name mit diesem Buchstaben beginnt. Neben dem „s" ist eine Sonne gezeichnet, zum „j" gehört der Jäger usw. Auch Buchstabenverbindungen sind da: „sch" zum Schiff oder „au" zum Auto. Zu den Vokalen, die ja kurz und lang gesprochen werden können und dadurch unterschiedliche Laute ergeben, gehören jeweils zwei Bilder: zum „o" gehören der Ofen und der Ordner, zum „e" der Esel und die Ente. Nach verschiedenen Übungen sind die Kinder mit der Tabelle vertraut und können recht schnell Bild und Laut des Buchstabens im Gedächtnis behalten. Sehr bald schreiben die Kinder Wörter, die sie sich selber vorsprechen: Bolizai, Flukzoik, schtrase, und sie erfinden kleine Sätze: „BALT HABNWIAR FEAREN UNT ich Binso AufGereGt." Wenn das Kind auf diese Weise schreibt, trainiert es die akustische Analyse von Wörtern und übt sich darin, den Lauten einen Buchstaben oder eine Buchstabenverbindung zuzuordnen. Es kann zunächst noch nicht selbst lesen, was es geschrieben hat, aber es kann seine Gedanken schon selbständig in Schriftsprache umsetzen, und das ermutigt zu immer neuen Übungen. Recht bald führt das selbständige Schreiben von Wörtern zum eigenständigen Lesen und auch zu Fragen nach dem „richtigen" Schreiben der Wörter.

Auch in anderen Fachbereichen kann das Kind seinen Forschungstrieb befriedigen. Jurij wählt z. B. einen Versuch, bei dem er erfahren kann, daß Luft sich beim Erwärmen ausdehnt. Er holt eine Flasche und einen Groschen, feuchtet die Flaschenöffnung etwas an und verschließt sie dann mit dem Groschen. Er umfaßt die Flasche mit seinen Händen, um sie zu erwärmen. Auf einmal hört er an seiner Flasche ein leises „Plopp", der Groschen hebt sich ein wenig und fällt wieder zurück. Er lacht spontan und möchte den Versuch gleich wiederholen. Beim dritten Wiederholungsversuch aber bewegt sich der Groschen nicht mehr. Warum? Weil die Luft in der Flasche nun bereits zu warm ist. Nun müssen die Flasche und die Luft darin erst wieder abkühlen.

Angeregt durch die Arbeit in der Schule, führt Jurij diesen Versuch auch

Die Eigenschaften des Arbeitsmaterials | 81

Zwei Jungen untersuchen die Quellkraft des Wassers: Sie schneiden aus Löschpapier eine „Seerose" aus, knicken die „Blütenblätter" um und legen sie aufs Wasser. Die Blütenblätter öffnen sich, während sich das Papier mit Wasser vollsaugt.

zu Hause durch. Am nächsten Morgen hat er noch kaum die Klasse betreten, da ruft er schon: „Ich habe den Versuch mit der Flasche gestern zu Hause gemacht. Und weißt du was? Zu Hause klappt es auch."

Man kann sicher sein, daß Lehrinhalte, die erlebt wurden und bei denen sich die Kinder begeistern und etwas entdecken konnten, nicht vergessen, sondern in die Persönlichkeit des Kindes als Erfahrung einer Lebenswirklichkeit fest integriert werden.

Das Material muß die Vorstellungskraft des Kindes anfordern. Während Arbeitsmittel und Übungen für das kleine Kind noch sehr sinnenhaft greifbar sein müssen, „dürfen die Kenntnisse, die man jetzt bringt, nicht mehr auf derselben Ebene liegen. Sie dürfen nicht mehr rein sinnenhaft sein. Das Kind muß jetzt immer seine Phantasie zu Hilfe nehmen. Die Phantasie ist die große Macht dieses Alters." (6, 121) Die Vorstellungskraft als Grundlage des Geistes „hebt die Dinge auf eine höhere Ebene, auf die Ebene der Abstraktion. Aber die Vorstellungskraft braucht eine Stütze. Sie muß aufgebaut und organisiert werden." (6, 124) Denn sie ist zunächst noch verschwommen, ungenau und unbegrenzt. Aber sobald das Kind „sich mit der äußeren Welt in Kontakt befindet, ist es auf Genauigkeit angewiesen." (6, 122 f)

Montessori spricht davon, daß sich in der Vorstellung durch exakte Unterweisung eine präzise Darstellung der Wirklichkeit aufbauen solle, und sie hält die Mathematik für besonders geeignet, dies zu leisten. (6, 122)

Das bereits beschriebene Goldene Perlenmaterial z. B. ist noch „rein sinnenhaft". Es legt das Fundament für den Aufbau einer inneren Zahlvorstellung. Das „Markenspiel" führt die Arbeit mit dem Goldenen Perlenmaterial auf einer abstrakteren Ebene weiter. Es handelt sich um grüne, blaue und rote Holzplättchen von der Größe einer Briefmarke, die geordnet in einem gefächerten Kasten liegen. Grüne Plättchen mit der Aufschrift 1 versinnbildlichen die Einer. Blaue Plättchen mit der Aufschrift 10 versinnbildlichen die Zehner. Rote Plättchen tragen die Aufschrift 100, und wiederum grüne Plättchen sind beschriftet mit der Zahl 1000. Im Gegensatz zum Goldenen Perlenmaterial, bei dem die Einer, Zehner, Hunderter und Tausender in nachzählbaren Perlen dargestellt sind, haben die Einer, Zehner, Hunderter und Tausender beim Markenspiel nur noch Symbolcharakter. Rechenoperationen mit dem Markenspiel setzen eine einfache Abstraktionsleistung voraus.

Eine weitere Abstraktionsstufe bringt der Kleine Rechenrahmen. Er ähnelt äußerlich dem bekannten Rechenrahmen (oft auch ‚Rechenmaschine' genannt) mit seinen 100 Perlen auf 10 Drähten. Doch ist der Aufbau der Zahlenordnung beim Montessori-Rechenrahmen ein anderer: Auf dem obersten Draht befinden sich 10 grüne Perlen, die Einer. Auf dem folgenden Draht sind zehn blaue Perlen aufgereiht. Jede blaue Perle versinnbildlicht einen Zehner. Der nächste Draht zeigt zehn rote Perlen, jede rote Perle stellt einen Hunderter dar. Auf dem letzten Draht sind wieder zehn grüne Perlen: die Tausender. Wenn ein Kind mit dem Kleinen Rechen-

Die Eigenschaften des Arbeitsmaterials 83

Ein Erstkläßler addiert mit Hilfe des Markenspiels Tausenderzahlen.

rahmen eine Addition durchführen will, so wird es zwangsläufig auf die Schwierigkeiten stoßen, die bei der Zehnerüberschreitung entstehen. Denn es muß nun Addition und Umtauschaktion in einem Rechenschritt durchführen. In vielen Übungen arbeitet sich das Kind von einfachen zu schwierigen Aufgaben vor, bis es die Additionen schließlich ohne Rechenrahmen durchführen kann. Die Aufgaben, die das Kind bearbeitet, kann es sich selber stellen, oder es gebraucht die Aufgabenkarten, die die Lehrerin erstellt hat. Bei vorbereiteten Karten sind die Aufgaben so gewählt, daß schrittweise bestimmte Schwierigkeiten geübt werden; die ersten Aufgaben, z. B. 5637 + 1242, dienen zunächst dem Kennenlernen der Arbeitstechnik am Rechenrahmen und enthalten noch keine Zehnerüberschreitung. Die weiteren Aufgaben sind so gestellt, daß jeweils die Einer zusammen zehn ergeben und in einen Zehner umgetauscht werden müssen. Bei weiteren Aufgaben, wie z. B. 4356 + 2415, ergibt die Summe der Einer eine gemischte Zehnerzahl. Zehn Einer müssen umgetauscht werden, ein Einer verbleibt auf dem Einer-Draht. Die nächsten Karten enthalten auch Überschreitungen beim Zehner etc. Wenn man darauf achtet, daß als Summe besondere Zahlenkombinationen vorkommen, z. B. 8888 oder 1234, so erhöht dies die Freude am Rechnen.

So kam einmal Michael zu seiner Lehrerin und sagte: „Komm mal mit. Ich habe voll das lustige Ergebnis." Und er führte ihr die Aufgabe noch einmal vor, die ihn so erfreute. Auf jedem Draht erschienen beim Addieren zehn Einheiten, die er jeweils umtauschen mußte bis zum Ergebnis von 9000. Das fand er wirklich „voll lustig".

Ob Markenspiel, Rechenrahmen oder andere Arbeitsmittel wie die Große Division, das Große Multiplikationsbrett („Schachbrett"), die Arbeitsmittel zur Bruchrechnung und zum Wurzelziehen u.a.: alle diese Arbeitsmittel erlauben einem Kind auf einer relativ frühen Stufe mit „schwierigen" Aufgaben und großen Zahlen umzugehen. Sie machen die Welt der Mathematik erfahrbar und interessant. Es ist das „Große", das Kinder anzieht. (6, 122) Dies ist in der schulischen Praxis immer wieder zu beobachten.

Das Material muß über das Studium des Details die Vision des Ganzen ermöglichen.

Im Zusammenhang mit ihren Ausführungen über die Bildung der Vorstellungskraft und der Macht der Phantasie spricht Montessori davon, daß die Kinder eine „Vision" (6, 46) von der Großartigkeit dieser Welt erhalten sollen. Es ist die Phantasie, die bewirkt, daß wir uns vergangene Zeiten, ausgestorbene Tiere, weit entfernte Länder, Sonne und Sterne vorstellen können. Es ist ebenfalls die Phantasie des Menschen, die zu Entdeckungen und zu Erfindungen führt.

„Diese Gegenstände müssen so dargestellt werden, daß sie die Phantasie des Kindes anstoßen und seine Begeisterung wecken." (6, 47)

Da wir aber die Kinder nicht alles lehren können, können wir ihnen nur helfen, an exemplarisch ausgewählten Beispielen Strukturen und Zusammenhänge zu erkennen.

Die Eigenschaften des Arbeitsmaterials | 85

Zwei Mädchen interessieren sich für die Planeten. Sie stellen sie in der Reihenfolge ihrer Umlaufbahn um die Sonne auf, ordnen Bilder, Namenkärtchen und Texte zu. Die „Sonne", ein gelber Wasserball von 1,40 m Durchmesser, paßte nicht aufs Foto.

„Die geringsten Details werden interessant, wenn sie als Teil eines Ganzen dargestellt werden; das Interesse wächst um so mehr, je mehr man von den Details weiß." (6, 121)

Wenn Kinder Bohnen und Kürbiskerne in die Erde stecken, so können sie grundlegende Erkenntnisse über Keimen und Wachsen gewinnen. Jeden Tag gehen die Kinder zu ihren Blumentöpfchen, um nachzusehen, ob der Samen gekeimt ist. Sie merken, daß die Samen eine unterschiedliche Keimdauer haben. Sie können beobachten, wie der Same aufquillt, sich eine Wurzel in die Erde verankert und der Keim in die Höhe wächst. Sie merken auch, daß einige Samen nicht keimen. Warum? Vielleicht war der Trieb zerstört? Einige Samen vertrockneten, andere verfaulten. Samen, die ins Erdreich gesteckt wurden, keimten besser als solche, die nur oben auf dem Erdreich lagen. Andererseits keimten die auf Watte gelegten Samen

recht gut. Die schwarze Blumenerde speicherte das Wasser besser als die braune, lehmige Erde.
Warum gibt es verschiedene Erden? Wie ist das Erdreich entstanden? Schnell ist man bei neuen Wissensgebieten, bei Sonne und Wärme, Wasser und Erde.

Ein paar Kinder haben Steine gesammelt. Sie sind grau und haben weiße Streifen. Einige Streifen laufen parallel zueinander, einige überschneiden sich, einige brechen ab und fangen kurz daneben neu an. Wie ist das entstanden?

Ausgehend von den gefundenen Steinen der Kinder, erzählt die Lehrerin vom Aufbau der Erdschichten, die in Millionen von Jahren durch Meeresablagerungen entstanden, durch Bewegung der Erdkruste gefaltet oder verworfen wurden. Sie erzählt von Vulkanausbrüchen, der Erstarrung der Vulkangesteine und davon, wie durch Verwitterung hohe Berge abgetragen werden können. Damit das angeregte Interesse der Kinder weitere Nahrung findet, zeigt sie ihnen ein Material, den sogenannten „Geologiebaukasten" (10). Es handelt sich um handliche Holzwürfel, die, aneinandergereiht, geologische Formationen wie Schichtung, Faltung, Verwerfung usw. symbolhaft darstellen.

„Wenn man das Interesse des Kindes auf der Grundlage der Wirklichkeit wachruft, dann wird sogleich der Wunsch wach, mehr von ihr zu erfahren. Dann kann man genaue Bestimmungen bringen..." (6, 48)

Die Arbeit mit dem Geologiebaukasten ermöglicht es Kindern, Erkenntnisse von geologischen Formationen zu vertiefen, die entsprechenden Begriffe zu üben und lange bei ihrem Interesse zu verweilen.

„So die Dinge zu studieren, ist gewissermaßen eine Meditation über das Detail. Das bedeutet, daß man in einem Individuum die Personalität mit Hilfe eines Teils der Natur vertieft." (6, 119)

In diesem Zitat wird auf den Zusammenhang zwischen engagiertem Ler-

Die Eigenschaften des Arbeitsmaterials | 87

Zwei Jungen arbeiten mit dem „Geologiebaukasten". Sie stellen die Klötze zu einer geologischen Landschaft zusammen, ordnen die Wortkarten mit den Erklärungen dazu und bestimmen, welche Steine zu den geologischen Formationen passen.

nen und Bildung der Persönlichkeit hingewiesen. Die Personalität eines Menschen wird durch seine Bildung gestärkt und weiter ausdifferenziert.

Das Material muß grundlegendes Interesse für viele Wissenschaftsgebiete wecken. Im Alter von 6–12 Jahren kann ein Kind für alle Wissensgebiete begeistert werden. Wie in den Beispielen beschrieben, hat jedes Thema seine Querverbindungen zu anderen Themen. So öffnet jede gewonnene Erkenntnis die Tür zu neuen Wissensgebieten.

„*In dieser Epoche, in der eine Art sensibler Periode der Vorstellungskraft existiert, geht es darum, den ‚Keim für die Wissenschaften' zu legen.*" (6, 125)

Montessori spricht auch von einer „Höchstzahl von Interessensamen" (6, 38), die gestreut werden sollen und die einer späteren Keimung fähig sind. Auch wenn Kinder vielleicht vergessen, was sie im einzelnen gelernt haben, so bleibt ihnen eine grundsätzliche Offenheit für alles, was sie einmal tief interessierte, erhalten. Erhalten bleibt auch die Kraft, dies wieder neu zu lernen, wenn es erforderlich ist.

Das Material muß zu geistiger Disziplin und zu geordneten Kenntnissen führen. Zwar wurde in den bisherigen Ausführungen oft davon gesprochen, daß ein Kind einen Lehrinhalt entdecken können muß, daß es sich begeistern und seine Phantasie benutzen soll, aber dies soll stets in Verbindung mit Sachgerechtigkeit und Genauigkeit geschehen.

„Mit dem Material geben wir dem Kind die Arbeitsmöglichkeit für seine Intelligenz. Das Material ist gleichsam nur der Anfang; die manuelle Arbeit mit ihm ordnet die Kenntnisse des Kindes, gibt Klarheit der Kenntnisse und führt zu selbständiger, geistiger Tätigkeit. Das Material ermöglicht dem Kind eine geordnete geistige Entwicklung und schafft geistige Disziplin." (3, 35)

Damit das Material diese Aufgabe erfüllen kann, muß es stets vollständig und ordentlich sein und erkennbare Ordnungsstrukturen enthalten. Auch die Arbeit der Lehrer muß sachgerecht und die des Kindes geordnet sein.

Sachgerechte Arbeit verlangt von Kindern eine Unterordnung unter die Gesetze der Sache. Manchen Kindern fällt das schwer. „Aber ich mache das so, wie ich will", sagen sie trotzig, wenn die Lehrerin bemerkt, daß sie ein Arbeitsmittel falsch gebrauchen, dadurch zu fehlerhaften Ergebnissen kommen und nun die Arbeitstechnik korrigieren sollen. Mona z. B. will Geteilt-Aufgaben mit der „Großen Division" durchführen. Bei den ersten Erklärungen der Lehrerin hört sie noch geduldig zu, führt anschließend die Übung mathematisch korrekt durch und kommt auch zu richtigen Ergebnissen. Bei den nächsten Übungen dauert ihr das Ganze viel zu lange. Obwohl sie die Struktur der Aufgabe noch nicht erfaßt hat, will sie die Arbeit jetzt verkürzen, indem sie teils mit Material, teils im Kopf rechnet. Sie rechnet die Aufgabe 3453:3 jetzt auf ihre Art: Die drei Tausender verteilt sie noch richtig an drei; ebenfalls drei der vier Hunderter. Anstatt aber nun den beim Verteilen übriggebliebenen Hunderter in zehn Zehner umzutauschen, rechnet sie diesen zu den fünf Zehnern hinzu und dividiert 6 Z : 3; zum Schluß verteilt sie die drei Einer wieder richtig. Das Ergebnis, das sie bei dieser Aufgabe erhält, lautet: 1121. Bei weiteren Aufgaben, die sich auf ihre Art nicht so glatt lösen lassen, schreibt sie eine Null ins Ergebnis. Auf die Fehler angesprochen, reagiert sie empört und legt ihre ganze Kraft in die Verteidigung ihrer Rechenweise. Mit Hilfe des Materials könnte Mona leicht ihre eigene Rechentheorie überprüfen, vorausgesetzt, sie wollte dies. Aber es fällt ihr schwer anzuerkennen, daß Sachgesetze von ihrem Willen unabhängig sind. Andererseits wird sie in der täglichen Arbeit mit Dingen, die sich ihrer Willkür entziehen, immer wieder dazu aufgefordert, sich an Sachgerechtigkeit zu orientieren und „geistige Disziplin" zu üben.

5.2. Die Fehlerkontrolle

Zum Lernen gehören nicht nur Lernfortschritte, sondern auch Fehler. Fehler zeigen an, wie weit eine Tätigkeit schon beherrscht wird, und sie helfen, die eigenen Fähigkeiten richtig einzuschätzen. Montessori empfiehlt, „dem Fehler gegenüber ein freundschaftliches Verhalten an den Tag zu legen und ihn als einen Gefährten zu betrachten, der mit uns lebt und einen Sinn hat" (1, 222). Dem entgegengesetzt, wird im Umgang mit Kindern manchmal so getan, als gebe es die Möglichkeit, fehlerfrei zu lernen, wenn man sich nur genügend anstrenge. In diesem Sinne sind Fehler dann immer ein Hinweis auf die mangelnde Mühe des Kindes und dienen dazu, es zu beschämen. Ein Kind lernt so, Fehler zu vertuschen. Es sollte aber lernen, den Fehler als sachlichen Hinweis auf seine Fähigkeiten und Schwächen zu betrachten; es sollte auch lernen, daß alle Menschen Fehler machen; und es sollte lernen, Fehler zu kontrollieren und zu berichtigen.

Wenn ein Kind selbständig arbeiten soll und will, muß es lernen, Fehlerkontrollen zu nutzen. Deswegen sind Fehlerkontrollen nötig, die das Kind selber durchführen kann.

Ein Mädchen macht Erfahrungen mit verschiedenen Möglichkeiten, einen Stromkreis zu schließen.

Es gibt verschiedene Möglichkeiten der Fehlerkontrolle.

Bei der *mechanischen Fehlerkontrolle* wird ein Kind durch das Material selbst darauf aufmerksam gemacht, daß etwas nicht stimmt. Will es z. B. einen Stromkreis schließen, um ein Lämpchen zum Leuchten zu bringen, so wird das erst gelingen, wenn die Übung sachlich richtig durchgeführt wird.

Wenn ein Kind durch die mechanische Fehlerkontrolle zwar auf den Fehler gestoßen wird, den Fehler selbst aber nicht findet, wird es vermutlich andere *Kinder oder die Lehrerin* um Hilfe bitten. Führt es z. B. mit Hilfe des Markenspiels oder der „Großen Division" eine Geteilt-Aufgabe durch, von der es weiß, daß diese ohne Rest zu lösen ist, und es bleiben Marken oder Perlen übrig, dann merkt es, daß es Fehler gemacht hat. Falls das Kind vorher ungenau gearbeitet hat und sich auch daran erinnert (aber in der Hoffnung weitergemacht hat, daß schon alles gutgehen wird), wird es die Aufgabe noch einmal machen und diesmal genauer arbeiten. Wenn es gedanklich seinen Fehler aber nicht zurückverfolgen kann, wird es zur Lehrerin kommen und sie um Hilfe bitten. In diesem Fall muß die Lehrerin dem Kind bei der Wiederholung der Aufgabe zuschauen, um herauszufinden, wo der Fehler steckt. Meistens beruht der Fehler auf unsachgemäßem Handeln; ein Kind tauscht z.B. einen Hunderter, der übrigbleibt, nicht gegen zehn Zehner um, sondern steckt ihn einfach ins Röhrchen zurück.

Nicht jede Arbeit kann von Anfang an richtig durchgeführt werden. Kinder vervollkommnen sich auch durch die *Wiederholung der Tätigkeit*. Ein Kind, das seine ersten Schreibversuche macht und dabei Wörter lautgetreu aufschreibt, führt die Übung der akustischen Analyse eines Wortes zwar richtig durch, macht aber trotzdem Fehler, entweder weil es noch nicht in der Lage ist, jeden Laut zu analysieren; oder weil gar nicht jeder Laut richtig analysiert werden kann (das „u" in „Wurst" wird auf eine Art gesprochen, die einem „u" eigentlich nicht zugeordnet werden kann) oder weil es richtig analysiert, aber „falsch" im Sinne der Rechtschreibung schreibt, z. B. „fogl" statt „Vogel". In diesem Fall werden die Übungen nur durch das regelmäßige Trainieren der gleichen Tätigkeit vollkommener werden: Das Kind lernt, schärfer zu hören; es lernt, Laut und Buchstabe auch in schwierigen Konstellationen richtig zu verbinden; und es lernt, wenn später auch Rechtschreibübungen hinzukommen, das fehlerfreie Schreiben.

Ein Kind kann seine Arbeit auch durch den *Vergleich mit einer Vorlage* kontrollieren. Das ist z. B. der Fall, wenn es das Wörterbuch zur Hand nimmt, um nachzuschauen, wie ein Wort geschrieben wird. Andere Vorlagen müssen zum Zweck der Selbstkontrolle von den Lehrern hergestellt werden. Das können Karten mit den Endergebnissen von Rechenaufgaben sein oder Hefte mit der Bestimmung von Wortarten usw.

Erstkläßler nutzen Vorlagen manchmal, um davon abzuschreiben und der Lehrerin dann stolz zu zeigen, was sie schon alles können. Sie schreiben z. B. die Aufgabe 5 + 3 von einem Rechenkärtchen ab, lesen dann auf der Rückseite 8 und schreiben sie als Ergebnis hin. Ein Kind, das so arbeitet, will nicht „pfuschen". Es hat nur eine von mehreren Möglichkeiten entdeckt, wie man diese Aufgabe lösen kann. Im Laufe des ersten Schuljahres wird das Kind beim Rechnen immer sicherer und lernt, die Aufgabe zunächst mit Material und dann im Kopf zu lösen. Langsam begreift es auch, was die Fehlerkontrolle soll und wie sie richtig angewandt wird. Man kann also dieses „Abschreiben" als Arbeit des Kindes akzeptieren.

Wenn ältere Kinder die Vorlagen zum „Abgucken" oder „Abschreiben" nutzen, dann ist dies ein Hinweis darauf, daß sie vom souveränen Umgang mit der Sache noch weit entfernt sind. Ein Kind, das z. B. mit Hilfe der Wortsymbole Wortarten bestimmt und immer wieder in der Vorlage nicht nur nachguckt, ob es richtig gearbeitet hat, sondern auch, welches Wortsymbol nun eingesetzt werden muß, zeigt damit an, daß es noch nicht analytisch genug denken kann. Die Lehrerin sollte überlegen, ob nicht zusätzliche Übungsformen nötig sind, damit das Kind sein Denkvermögen trainiert.

Es kommt auch vor, daß einzelne Kinder die Vorlagen zum „Pfuschen" benutzen. Dies ist ein Grund, mit dem Kind darüber zu sprechen, damit es die innere Haltung zur Arbeit korrigiert.

Auch die *gemeinsame Diskussion* führt zur Fehlerkontrolle. Wenn Kinder zusammen sind, um etwas zu besprechen oder zu diskutieren, so fließt natürlicherweise die gegenseitige Fehlerkontrolle ein. Behauptungen, die nicht überzeugen, werden zurückgewiesen, unlogische Gedankengänge werden berichtigt, Unkenntnis wird durch das Wissen der anderen ergänzt. Wenn unrichtige Behauptungen stehenbleiben, so deswegen, weil das Verständnis für bestimmte Sachverhalte noch nicht entsprechend entwickelt ist oder einfach noch notwendige Kenntnisse fehlen. Trotzdem wird jedes Kind durch das Gespräch dazu gebracht, eigene Meinungen zu überdenken und Kenntnisse zu überprüfen.

5.3. Die Einführung des Materials

Wie lernen die Kinder, mit dem Material umzugehen? Ähnlich wie bei Spielen erst die Spielregeln erklärt werden müssen, muß bei einem Arbeitsmittel erst die Arbeitstechnik erklärt werden, ehe das Kind damit sinnvoll umgehen kann. Das nennt Montessori „Lektion".

Die Einführung eines neuen Materials erfolgt gewöhnlich als Einzellektion; d.h., die Lehrerin setzt sich neben ein Kind, das sich ein bestimmtes Material geholt hat, und erklärt ihm mit Worten und Handlung, wie das Material zu handhaben ist.

Manche Arbeitsmittel lassen sich besser durch eine Gruppenlektion als durch eine Einzellektion erklären, und zwar jene, die eine längere, anregende Lehrererzählung voraussetzen. Das Zeitband zur Darstellung der Erdzeitalter oder der Geologiebaukasten gehören z.B. dazu. Andere Arbeitsmittel wie die Erdkundesteckkarten werden häufig von Kind zu Kind erklärt, ohne daß die Lehrerin um Hilfe gebeten wird.

Grundsätzlich können alle Arbeitsmittel auch von einem Kind erklärt werden, das die Handhabung schon gut beherrscht. Aber bei Arbeitsmitteln mit einer etwas komplizierteren Arbeitstechnik haben die Kinder es gern, wenn die Lehrerin bzw. der Lehrer dies tut.

Bei einer Lektion ist die *genaue Handhabung* wichtig. Die Einführung eines Materials braucht Ruhe und Zeit, manchmal fünf Minuten, manchmal deutlich mehr, z.B. zwanzig Minuten. Die Lehrerin, die gleichzeitig auch die anderen arbeitenden Kinder im Blick haben und vielleicht deren kurze Fragen beantworten muß, darf nie in den Fehler verfallen, die Einführung hektisch oder nachlässig durchzuführen. Die Art und Weise, wie sie selbst arbeitet, wird die Art und Weise sein, wie die Kinder später damit arbeiten. Die Kinder übernehmen mit der Einführung nicht nur die Arbeitstechnik, sondern auch die Sorgsamkeit, Ruhe und Gründlichkeit der Lehrerin – oder deren Nachlässigkeit, Hektik und Oberflächlichkeit.

Lehrer und Lehrerinnen müssen das Material selbst genau kennen und handhaben können. Denn mit der Arbeitstechnik wird auch ein Lehrinhalt vermittelt, und dieser muß sich klar und einsichtig dem Kind einprägen können. Es geht darum, daß das anfängliche Interesse des Kindes vertieft wird, damit sich aus der ersten Motivation ein längerer Arbeitszyklus entwickeln und ein Lernerfolg einstellen kann. Man verschließt den Zugang zu Material und Lehrinhalt, wenn die Einführung nicht erfolgreich durchgeführt werden kann.

Auch bei einer Lektion muß *der richtige Zeitpunkt* beachtet werden. Interessen für bestimmte Lehrinhalte erwachen, lange bevor ein Kind in der Lage wäre, diese abstrakt und ohne Material zu erfassen. Ein Neugeborenes z. B. ist seit seinen ersten Lebenstagen an der Sprache seiner Eltern interessiert; es wendet der menschlichen Sprache eindeutig mehr Aufmerksamkeit zu als anderen Geräuschen, die an sein Ohr dringen. So baut es vom ersten Tag seines Lebens die Fähigkeiten auf, die es später braucht, um sprechen und verstehen zu können. Kein Mensch käme auf die Idee, mit Neugeborenen nicht zu sprechen, weil diese ja doch noch nichts verstehen können. Ähnlich ist es mit anderen Fähigkeiten, die Kinder lernen wollen. Das Interesse z.b. an Buchstaben und Zahlen erwacht bereits im Kindergartenalter, aber hier kann es passieren, daß dem Kind wenig Verständnis entgegengebracht wird: Man sagt, schreiben, lesen und rechnen lerne man in der Schule, und bietet deswegen dem Kind keine adäquaten Arbeitsmittel an, seinen Interessen zu folgen. So können wichtige Lernmotivationen ungenutzt vorübergehen.

Der Zeitpunkt für die Einführung eines Materials wird vom Interesse des Kindes bestimmt, nicht vom Lehrplan. Als „Faustregel" gilt, daß der richtige Zeitpunkt für ein bestimmtes Material ungefähr zwei Jahre vor der Zeit liegt, zu der der entsprechende Lehrinhalt im Lehrplan vorgesehen ist. Das liegt daran, daß die Arbeit mit dem Material zwar das Interesse, aber noch nicht die Fähigkeit voraussetzt, den Lehrinhalt schon ganz zu verstehen. Das Verständnis wird ja gerade durch die Arbeit mit dem Material entwickelt, so daß dieses beiseite gelegt werden kann, wenn das Verständnis gereift ist.

Jedes Material ist pro Klasse nur einmal, manches höchstens zwei- oder dreimal vorhanden. Die *Begrenzung* hat den Sinn, das Kind vor Reizüberflutung zu schützen. Zwar ist das gesamte Angebot an Arbeitsmitteln sehr groß, weil eine ganze Klasse von Kindern, die sich in verschiedenen Entwicklungs- und Interessenphasen befinden, sinnvoll arbeiten können muß, aber das Angebot muß in jedem Fall für Kinder übersichtlich und die innewohnende Ordnung erkennbar bleiben.

Arbeitsmittel wie das Hunderterbrett kann ein Kind allein benutzen, aber auch zusammen mit einem Freund oder einer Freundin. Additionen am „Kleinen Rechenrahmen" kann man nur allein durchführen, aber eine Freundesgruppe kann sich trotzdem zusammentun, um mit den Rechenrahmen zu arbeiten, wenn zwei oder drei Kleine Rechenrahmen vorhanden sind. Für Grundschulkinder wird die Tatsache, daß man in einer Gruppe arbeiten kann, wichtig, und diese zusätzliche Motivation sollte sich auch auswirken können.

5.4. Die Vorbereitete Umgebung als Antwort auf die Sensibilitäten des Kindes

Die Arbeitsmöglichkeiten der Vorbereiteten Umgebung müssen auf die Sensibilitäten des Kindes bezogen sein.

Der Sensibilität für das Erfassen von Erscheinungen der Kultur und Natur entsprechen die Arbeitsmittel. Dies ist der leichteste Teil der Vorbereitung der Umgebung, zumal Montessori selbst ein hervorragendes Arbeitsmaterial geschaffen hat, in der Tradition der Montessori-Schulen weitere Arbeitsmittel entstanden sind und auch viele Verlage Arbeitsmittel anbieten. Wichtig bleibt die Tatsache, daß die Arbeitsmittel die selbständige Erarbeitung eines Lehrinhaltes ermöglichen müssen, daß sie untereinander in Beziehung stehen, Struktur und Ordnung haben und daß der Gesichtspunkt der Begrenzung beachtet wird.

Schwieriger wird es, wenn es um *die Sensibilität für moralische und für soziale Fragen* geht. Dazu gibt es kein Material.

„Für den Verstand gibt es viele Gegenstände...; aber für den Geist sind wir selbst da." (7, 310)

Das heißt, daß die Lehrer durch die Ausstrahlung ihrer Persönlichkeit und durch die Regeln, die sie aufstellen und auch selbst einhalten, eine geistige Vorbereitete Umgebung schaffen. In dieser geistigen Vorbereiteten Umgebung können im handelnden Umgang miteinander soziale Kompetenz und moralische Nachdenklichkeit und Erkenntnis eingeübt werden.

Dem Bedürfnis des Kindes nach *Erweiterung des Aktions- und Erfahrungskreises* kann die Freiarbeit nur bedingt Rechnung tragen. Neben der Freiarbeit sind auch andere Unterrichtsformen wichtig, wie z. B. Klassenunterricht, Unterrichtsgang, Ausflug oder Klassenfahrt. Aber wir müssen uns klar sein, daß auch das nicht reicht. Die Erfahrungen, die die Schule vermitteln kann, betreffen nur einen bestimmten Bereich. Ein anderer entscheidender Bereich spielt sich außerhalb der Schule in der Familie und dem Freundeskreis ab, und Lehrerinnen und Lehrer sollten im Auge behalten, daß „Schule" nicht alle Erfahrungen bieten kann, die ein Kind braucht. Vor allem bei der Einrichtung von Ganztagsschulen oder Betreuungseinrichtungen sollte die Überlegung Vorrang haben, daß nicht schulische Arbeitsweisen ausgeweitet werden, sondern jene Lebensweisen, die für Familie und Freizeit gelten. Insbesondere muß dem Spielbedürfnis des Kindes Rechnung getragen werden. Das Spielen muß in diesem Alter noch genauso wichtig genommen werden wie das schulische Lernen.

5.5. Freiheit und Begrenzung

Wie durch die Beschreibung der Eigenschaften des Arbeitsmaterials schon gesagt wurde, ist Lernen in der Grundschule an den handelnden Umgang mit Material geknüpft. Je mehr beim Lernen Verstand, Gefühle, Sinne und Bewegung einbezogen werden, umso engagierter kann gelernt werden. Deswegen müssen die Kinder *Bewegungsfreiheit* haben: Sie holen sich selbst die Arbeitsmittel, räumen sie wieder fort, arbeiten an ihrem Platz, auf dem Boden oder im Flur.

Ebenso wichtig ist die *Zeitfreiheit*. Zu einer konzentrierten Arbeit gelangt man erst, wenn man beim Arbeiten die Zeit vergessen kann. Erst wenn jemand sicher ist, daß er eine Aufgabe in der von ihm gewünschten Intensität und Dauer durchführen kann, ist er bereit, sich ganz auf die Sache einzulassen. Damit sich Arbeitszyklen wirklich entfalten können, muß der Zeitrahmen mindestens zwei Schulstunden als Blockeinheit umfassen. Die Unterrichtsform Freiarbeit verlangt von den Kindern ein hohes Maß an Ausdauer, Konzentration und Entscheidungsfähigkeit. Deswegen hat die Freiarbeit in den ersten Schulstunden ihren Platz. Je besser die Kinder mit sich selbst im Einklang sind, desto besser gelingt die Wahl und die innere Einstellung auf eine Arbeit. Diese innere Ruhe ist besonders zu Beginn des Schulmorgens gegeben.

Zur Zeitfreiheit gehört auch die Beachtung des individuellen Lerntempos. Sowohl die geistige Aufnahmefähigkeit verschiedener Kinder wie deren Arbeitsweise können sehr unterschiedlich schnell sein. Die bedächtigen Kinder brauchen Zeit, alle Arbeiten in Ruhe durchzuführen; wenn sie z. B. die Lesekarten auf dem Tisch auslegen, dann möchten sie jede Karte genau und liebevoll hinlegen können; jeder Versuch, sie zu einem schnelleren Tempo zu veranlassen, würde sie verwirren und ihre Lernfreude zerstören. Andere Kinder gehen ihre Arbeit sehr zügig an; sie würden vor Ungeduld aufbegehren, wenn sie stets auf die Bedächtigen warten müßten. Langsam lernende Kinder möchten den gleichen Aufgabentyp häufig wiederholen, schnell lernende Kinder suchen bald nach neuen, schwierigeren Aufgaben. Sie alle müssen ihrem eigenen Lerntempo folgen können, um optimal lernen zu können.

Die beste Arbeitsmotivation ist das Interesse für eine Sache. Jemand, der ein Ziel verfolgt, weil er dies will und weil es ihn interessiert, entwickelt Energie, Ausdauer und Ideenreichtum, um das Ziel zu erreichen. Dies ist bei Kindern nicht anders als bei Erwachsenen. Montessori fordert daher *Entscheidungsfreiheit bei der Auswahl der Arbeiten* in der Vorbereiteten Umgebung. (3, 33) Denn erst wenn die Kinder ihre Arbeiten auswählen können, kann sich das jeweils vorherrschende Interesse als Motivation auswirken und die entsprechenden Kräfte freisetzen.

Das klingt überzeugend und einfach. Die Umsetzung der freien Arbeitswahl in der schulischen Praxis verlangt jedoch von den Lehrpersonen eine sichere Unterscheidungsfähigkeit. Denn das Wörtchen „frei" löst im heutigen Sprachgebrauch häufig Vorstellungen von „keine Verpflichtung haben", „sich nicht anstrengen müssen", „Spaß haben wollen" aus. Mit dieser inneren Haltung ist aber die Entscheidungsfreiheit bei der Arbeitswahl nicht zu verwirklichen.

„Wenn wir von Freiheit in der Erziehung sprechen, so meinen wir Freiheit für die schöpferische Kraft, welche der Lebensdrang zur Entwicklung des Individuums ist." (8, 20) *„Nur das Kind, das weiß, was es benötigt, um sich zu üben und sein geistiges Leben zu entwickeln, kann wirklich frei auswählen. Man kann von keiner freien Wahl sprechen, wenn jeder äußere Gegenstand gleichermaßen das Kind lockt und wenn dieses auf Grund mangelnder Willenskraft jedem Anruf folgt und rastlos von einem Ding zum anderen übergeht. Das ist eine der wichtigsten Unterscheidungen, zu der die Lehrerin fähig sein muß. Das Kind, das noch nicht einer inneren Führung gehorchen kann, ist noch nicht das freie Kind, das sich auf den langen und schmalen Weg der Vervollkommnung begibt."* (1, 244f)

Montessori gebraucht in diesen Zitaten Ausdrücke wie „schöpferische Kraft", „geistiges Leben" und „innere Führung". Ein Kleinkind fühlt seit seinen ersten Lebenstagen den Drang nach Orientierung, und es empfindet sich dabei als aktives Wesen mit einem eigenen Willen. Es will seine Umwelt, sich selbst und andere Menschen erforschen, seine Fähigkeiten entwickeln, seine Möglichkeiten und Grenzen kennenlernen. Trifft das Kind auf Eltern und auf eine Umgebung, die ihm helfen, für seine Energie sinnvolle Aktivitäten zu finden, lernt es, seine Interessen in zielgerichtete und sinnvolle Handlungen umzusetzen. Es strengt sich dabei an, ohne die Anstrengung als Last zu empfinden, ähnlich wie vielleicht Erwachsene beim Sport oder bei der Ausführung von Hobbys freudig Anstrengungen auf sich nehmen und diese als lustvoll erleben. Kinder, die so aufwachsen, können mit der freien Arbeitswahl sachgerecht umgehen. Sie können aus einem Angebot auswählen, weil sie ihre Interessen spüren, sie sind ausdauernd und empfinden Freude an gelungener Anstrengung. Der Vorbereiteten Umgebung des Klassenraumes stehen sie mit spontaner Neugier gegenüber; ihre Einstellung lautet: Was kann man hier alles tun? Was kann man hier lernen?

Kinder, deren Entwicklung durch fehlerhafte Erziehung oder durch äußere belastende Lebensumstände beeinträchtigt wurde, sind auch in ihrer „schöpferischen Kraft" beeinträchtigt und können die „innere Führung" nicht mehr so deutlich wahrnehmen. Auch bei Kindern, die verwöhnt und denen Anstrengungen vorenthalten wurden, ist „das geistige Leben" nicht entwickelt. Ihre Fragestellung ist nicht: Was kann man hier alles tun und lernen?, sondern: Was macht Spaß? Wo finde ich Lust?

Die Lehrpersonen müssen also unterscheiden können, wann sie den Kindern die Entscheidungsfreiheit überlassen und wann sie diese eingrenzen. Voraussetzung ist, daß sie die Kinder gut beobachten und kennen. Einige Beispiele sollen das erläutern:

Laura ist ein begabtes Kind. Sie interessiert sich für viele Dinge und läßt sich auch gerne durch außerschulische Erfahrungen oder durch Themen des gebundenen Unterrichtes in der Schule zu neuen Arbeiten inspirieren. Sie wählt ihre Arbeiten umsichtig aus und führt sie mit Ausdauer zu Ende. Ob Einzel-, Partner- oder Kleingruppenarbeit – sie kann sich konzentrieren und auf die Situation richtig einstellen. Sie ist zu einer freien Arbeitswahl ohne Einschränkung fähig. Auch Moritz, Daniel, Valerie und viele andere Kinder können ihre Interessen wahrnehmen, in Arbeit umsetzen und verantwortlich mit ihrer Freiheit umgehen.

Winni ist ein Junge, der sich rege an Gesprächen beteiligt und dabei erkennen läßt, daß er folgerichtig und eigenständig denken kann. In der Freiarbeit findet er jedoch selten zu einer ausdauernden Arbeit. Die Lehrerin zeigt ihm immer wieder verschiedene Arbeitsmittel und Aufgaben und findet dabei heraus, daß Winni zu Beginn die Arbeit gerne mitmacht, sie jedoch still beiseite räumt, sobald die ersten Schwierigkeiten auftauchen. Dann holt er sich ein Buch, blättert darin und betrachtet – durchaus aufmerksam – die Bilder. Winni scheut die Anstrengung. Aufgabenstellungen, die er nicht sofort versteht, bezeichnet er als „langweilig". Er sagt dann: „Dazu habe ich keine Lust" und glaubt, damit berechtigt zu sein, die

Arbeit zu beenden. Die Lehrerin spricht mit Winni über ihre Beobachtungen und geht dazu über, Winni die Entscheidungsfreiheit einzuschränken. Er darf z. B. die Arbeit nicht wegräumen, bevor ein bestimmtes Pensum erledigt ist. Oder er muß sich unter drei Arbeiten, die ihm die Lehrerin vorschlägt, für eine entscheiden. Ziel der Einschränkung der freien Arbeitswahl ist die Gewöhnung an Anstrengung, verbunden mit der Hoffnung, daß sich über den Erfolg an geleisteter Arbeit auch die Freude daran einstellt.

Die *Freiheit der Kooperation* führt zu selbstgewählter Einzel-, Partner- oder Gruppenarbeit. Je älter die Kinder werden, um so wichtiger wird ihnen die Partner- und Gruppenarbeit. Dabei bestimmt das gemeinsame Arbeitsziel die Auswahl der Partner. Kinder finden schnell heraus, mit wem sie gut arbeiten können und mit wem nicht; sie wählen gewöhnlich Partner, die gleich stark sind, so daß die Kooperation wirklich gelingt und sie weder abhängig noch überlegen werden.

Weil die Kooperation der Kinder mit zunehmendem Alter so wichtig wird, muß die mögliche Integration behinderter Kinder wie auch hochbegabter Kinder sehr genau bedacht werden. Es reicht dem lernbehinderten Kind nicht, daß die anderen nur „nett" zu ihm sind. Es möchte eine Freundin oder einen Freund haben, dem es sich auf geistiger Ebene verbunden fühlt. Auch besonders begabte Kinder brauchen entsprechende Freundinnen oder Freunde. Es kann sehr quälend sein, sich als Außenseiter zu fühlen, weil keiner da ist, mit dem man seine anspruchsvollen Interessen teilen kann, oder wenn man erkennen muß, daß man auf Grund einer sehr schnellen oder andersartigen Auffassungsgabe Ablehnung erfährt. Deswegen sollten an einer Schule die entsprechenden Kinder nicht in verschiedenen Klassen, sondern nach Möglichkeit mit entsprechenden Partnern in einer Klasse sein.

Ältere Kinder wetteifern auch gerne miteinander. Sie gehen den Wettbewerb freiwillig ein und lösen ihn sofort, wenn sie sich unter Druck gesetzt fühlen. Wetteifer darf jedoch nicht von Eltern oder Lehrern initiiert werden, er führt dann fast immer zu Gefühlen der Niederlage bei den einen oder Überheblichkeit bei den anderen Kindern. Der freiwillig aufgenommene Wettbewerb von Kindern, die sich gleich stark fühlen, ist dagegen – besonders bei Jungen – eine beliebte Arbeitsmotivation. Manchmal ist es richtig, Kindern die Partnerwahl einzuschränken, nämlich dann, wenn die gemeinsame Arbeit nicht zur Konzentration, sondern zur Zerstreuung führt. Manche Kinder kommen erst in der Einzelarbeit zu einer wirklichen inneren Ruhe, haben aber nicht die Kraft, sich selbst für eine Einzelarbeit zu entscheiden. Die Lehrerin, die die Kinder kennt, bestimmt dann, in welcher Arbeitsform gearbeitet wird.

Freiheit geht immer einher mit *Begrenzung*. Die Grenzen geben Halt und Geborgenheit, so wie die Wände eines Hauses auch Halt und Geborgenheit geben. So wie erst durch Wände Räume entstehen, so können erst durch Grenzen Freiräume entstehen. Je sicherer ein Kind Grenzen akzeptiert und einhält, desto zuverlässiger ist es und desto mehr Freiheit kann ihm gegeben werden. Je weniger diszipliniert es sich an Grenzen hält, desto mehr braucht ein Kind die Grenzen von außen durch die Erwachsenen. Ziel der Erziehungsbemühungen muß es jedoch bleiben, dem Kind zu helfen, sich selbst zu disziplinieren.

5.6. Erzieherverhalten

Die Aufgaben der Lehrerinnen und Lehrer während der Freiarbeit sind vielfältig und wurden schon beschrieben. Wichtig bleibt jedoch, daran zu erinnern, daß zur erfolgreichen Durchführung der Unterrichtsform „Freiarbeit" eine bestimmte äußere und innere Haltung der Lehrpersonen unverzichtbar ist.

6. Die Fächer in Freiarbeit und gebundenem Unterricht

6.1. Der Begriff „gebundener Unterricht"

Zu den Unterrichtsformen der Montessori-Schule gehört neben der Freiarbeit auch der „gebundene Unterricht". Unter „gebundenem Unterricht" versteht man den vom Lehrer geführten Klassenunterricht, den Gruppenunterricht und den Unterrichtsgang. Während die Freiarbeit fächerübergreifend ist, ist der Klassenunterricht fachgebunden, doch kann ein Unterrichtsthema fächerübergreifend sein.

Zu den Fächern der Grundschule gehören Sprache (Lesen, Rechtschreiben, mündlicher und schriftlicher Sprachgebrauch, Grammatik), Mathematik, Sachunterricht, Kunst, Musik, Sport und Religion.

Der gebundene Unterricht beginnt gewöhnlich nach der Freiarbeitsphase und nach der Spielpause auf dem Schulhof. Die Themen richten sich nach dem Lehrplan, wobei Ideen aus der Freiarbeit und Gedankengut der Montessori-Pädagogik die Auswahl der Themen mitbestimmen. Montessori hat zu den einzelnen Fächern keine Fachdidaktik entwickelt. Das Unterrichten setzt Kenntnisse aus der fachdidaktischen Gegenwartsliteratur voraus, und es ist durchaus richtig, die Montessori-Materialien und ihre Einsatzgewohnheiten immer wieder an den neuen Erkenntnissen der jeweiligen Fachdidaktik zu überprüfen.

Die Menge des gebundenen Unterrichtes ist um mindestens die Hälfte reduziert im Vergleich mit anderen Schulen, weil ja täglich in den ersten zwei oder drei Stunden die Freiarbeit durchgeführt wird.

Die Lernziele des gebundenen Unterrichtes richten sich nach den Lehrplänen. Sie stehen mit den Lernzielen der Montessori-Grundschule im

Einklang, werden aber durch spezifische Ziele der Montessori-Pädagogik erweitert (vgl. Kapitel 4).

6.2. Die Fächer im einzelnen

6.2.1. Sprache

Das Neugeborene ist mit der Fähigkeit ausgestattet, die Sprache seiner Umgebung zu absorbieren und in den ersten Lebensjahren so weit zu lernen, daß es Gespräche verstehen und aktiv daran teilnehmen kann. Diese Leistung des Kindes muß durch die Erziehungsbemühungen von Eltern und Erziehern unterstützt werden, indem diese durch liebevolle Ansprache, anregende Umwelt und reichen Wortschatz dem Kind ein Potential anbieten, die Sprache – und damit auch die Kultur seiner Umgebung – immer genauer zu erfassen.

Die gemeinsame Sprache ist die Grundlage der Gemeinschaft von Menschen. Sie ermöglicht es, daß wir Gedanken und Gefühle miteinander austauschen, daß wir uns gegenseitig verstehen und Erkenntnisse weitergeben können. Je differenzierter das Denken wird, desto reicher wird der Sprachschatz, und je reicher der Wortschatz ist, desto genauer kann man sich ausdrücken.

Das Medium, durch das Sprache vermittelt wird, ist der Mensch. Insofern stehen auch in der Schule bei bestimmten Themen wie der Deutung von Texten, der Deklamation von Gedichten oder dem spannenden Erzählen keine Arbeitsmittel im Vordergrund, sondern die Beziehung zwischen Kind und Lehrer und dessen persönliche Fähigkeit, für sprachliche Dinge zu begeistern.

6.2.1.1. Schreiben und Lesen

Schreiben und Lesen sind Fähigkeiten, die durch verschiedene Übungen vorbereitet werden müssen. Schreiben zu können, setzt eine sichere Koordinationsfähigkeit von Auge und Hand voraus, ferner die richtige Wahrnehmung von Formen sowie die akustische Analyse von Lauten und ihrer Zuordnung zu Buchstaben. Lesen setzt die Fähigkeit voraus, Buchstaben in die richtigen Laute umzusetzen, zu erkennen, welches Wort daraus entsteht, und den Sinn nicht nur eines Wortes, sondern eines Textes zu erfassen.

Montessori erkannte, daß das Interesse für Schreiben und Lesen bereits im Kindergartenalter beginnt, und sie entwickelte dafür verschiedene Arbeitsmittel, die die Erfahrungen, die die Kinder bereits mit den Übungen des täglichen Lebens und mit dem Sinnesmaterial gemacht haben, aufgreifen und weiterführen.

Um die Auge-Hand-Koordination beim Schreiben zu schulen, gab sie den Kindern die sogenannten „Metallenen Einsatzfiguren" (vgl. 13, Teil 1). Dies sind geometrische Formen, die man aus ihren Einsätzen herausnehmen und deren Innen- und Außenlinien man mit Stiften umfahren kann. Die Kinder können damit Muster bilden, die sie mit bunten parallelen Linien ausschmücken, und sie üben dabei die sichere Bleistiftführung.

Um die Buchstaben und ihre Schreibbewegung kennenzulernen, ließ Montessori Sandpapierbuchstaben herstellen. Den Kindern, die an taktilen Reizen noch große Freude haben, wird gezeigt, wie man mit Zeige- und Mittelfinger in Schreibbewegung über den Buchstaben fährt und dabei den entsprechenden Laut ausspricht. So prägen sich sowohl Schreibbewegung als auch Laut besonders gut ein.

Für die akustische Analyse eines Lautes wird das „Bewegliche Alphabet" gebraucht. Die Buchstaben sind aus Pappe ausgeschnitten und liegen geordnet in einem Kasten. Die Erzieherin spricht ein lautgetreues Wort aus, betont dabei das Lauschen auf die Lautfolge und legt zu jedem gehörten Laut den Buchstaben dazu. Das Kind lernt auf diese Weise, dem Klang eines einzelnen Wortes zu lauschen, den Klang auf seine Laute zu analysieren und diese den Buchstaben zuzuordnen. So „schreibt" es mit Hilfe der Pappbuchstaben erste, lautgetreue Wörter wie „Sofa", „Oma", „Lok". Das Kind wird auch versuchen, andere Wörter, die ihm selbst einfallen, zu schreiben, und dabei auf Wörter stoßen, die schwer zu analysieren sind, wie: fata (Vater) oder aisber (Eisbär). Auf das richtige Schreiben kommt es jedoch noch nicht an, nur auf das Hör-Training. Das Kind kann zu diesem

Zeitpunkt noch nicht lesen, was es geschrieben hat, denn das Schreiben geht dem Lesen voraus. (Vgl. 5, 136f, 143) Interessant ist, daß Kinder häufig die Mitlaute schreiben, die Vokale aber nicht. Das Wort Tube wird dann so geschrieben: tb.

In ihrem Buch „Kinder sind anders" beschreibt Montessori, wie sich durch die voneinander getrennt durchgeführten Übungen auf einmal eine „Explosion des Schreibens" entwickelt habe und daraus einige Zeit später die Kinder zum Lesen gekommen seien. Zum Lesen wurden keine Fibeln eingesetzt, sondern Wortkärtchen, die Gegenständen oder Bildern zugeordnet werden konnten, sowie einfache Texte mit interessantem Inhalt, die auf den Wissensdurst der Kinder eingingen.

Die Übungen, die auf das Schreiben und Lesen vorbereiten, werden im Freispiel des Montessori-Kinderhauses individuell angeboten und durchgeführt.

Da wir es in der Schule mit älteren Kindern zu tun haben, ergeben sich einige Änderungen: Zusätzlich zu den metallenen Einsätzen werden auch andere vorbereitende Schreibübungen, z. B. Arbeitsblätter, angeboten. Die Sandpapierbuchstaben werden noch eingesetzt, sind aber nicht mehr für alle Kinder gleich anziehend. Viele Kinder möchten die Buchstaben schon mit dem Bleistift schreiben. Statt des Beweglichen Alphabetes kann man mit einer Anlauttabelle arbeiten. Auf dieser Tabelle sind alle Buchstaben aufgeführt und einem entsprechenden Bild zugeordnet (vgl. Kapitel 5.1). Die Übungen werden als Einzellektion in der Freiarbeit angeboten, aber auch als Gruppenlektion im Klassenunterricht. Durch viele Übungen gewinnen die Kinder Sicherheit in der Zuordnung von Laut und Buchstaben und im selbständigen Aufschreiben von Wörtern. Da sie immer wieder überprüfen müssen, welche Laute sie schon in Buchstaben „übersetzt" haben, kommen sie von sich aus dazu, ihr Wort auch zu lesen, und gewinnen auch darin eine immer größere Leichtigkeit.

Die Leseübungen sind vielfältig. Es gibt Wortkärtchen mit lautgetreuen Namen, die den entsprechenden Dingen zugeordnet werden können; Namenkärtchen, die den Gegenständen im Klassenraum angehängt werden;

Begriffe, die zu einer Muschel- oder Steinsammlung gehören; Aufträge, wie z. B. „Schalte das Licht an" oder „Schau nach, wer im Flur arbeitet", die auch wirklich ausgeführt werden dürfen; kleine Bücher mit einfachen Texten im Großdruck usw.; Übungen mit den „Phonogramm-Kästen", um das Lesen von Buchstabenverbindungen (sch, st, ck) zu erleichtern. Die Ideen Montessoris und der Montessori-Schulen sind reichhaltig und werden unterdessen durch Vorschläge in der Literatur anderer Verfasser ergänzt und erweitert. (Vgl. Metze 1995; Spitta 1988)

Die Frage, ob man mit einer Fibel im Anfangsunterricht arbeiten sollte, kann dahingehend beantwortet werden, daß es weniger darauf ankommt, ob man, sondern wie man mit einer Fibel arbeitet. Der Gesichtspunkt der Differenzierung darf auch im Klassen- oder Gruppenunterricht nicht außer acht gelassen werden, und wenn eine Fibel flexibel eingesetzt wird, ist nichts dagegen einzuwenden. Aber man kann ebenso gut ohne Fibel arbeiten.

Da der Anfangsunterricht in Deutschland stets mit der Schreibschrift begann, wurden auch die Sandpapierbuchstaben deutscher Montessori-Schulen in Schreibschrift hergestellt. Die Druckschrift hat jedoch im Anfangsunterricht viele Vorteile: Die einzelnen Buchstabenformen sind klarer erkennbar, grenzen sich innerhalb eines Wortes besser voneinander ab, sind leichter zu schreiben und überall in der Umwelt des Kindes zu sehen. Wenn Kinder spontan erste Schreibversuche machen, schreiben sie in Druckschrift. Deswegen sollte das Schreiben mit Druckbuchstaben beginnen, und den Kindern sollten die Sandpapierbuchstaben in Druckschrift angeboten werden.

Das Lesen verschiedener Texte von Arbeitskarten, Sach- und Erzählbüchern wird in der Freiarbeit vielfältig geübt. Schriftliche Arbeitsanweisungen müssen verstanden und umgesetzt werden.

Auch im gebundenen Unterricht wird das sinnerfassende und kritische Lesen in allen Fächern angefordert. Hinzu kommt die Einführung in die Kinderliteratur, in Gedichte, Märchen, Fabeln usw. Der Besuch einer Bücherei und die Anleitung zur regelmäßigen Ausleihe von Büchern unterstützen die Bemühungen des Unterrichtes um flüssiges Lesen und um den Zugang zu neuen Texten.

Bei der Interpretation von Texten, der Deklamation von Gedichten oder Theaterstücken, beim spannenden Erzählen und Vorlesen ist vor allem die Fähigkeit der Lehrer gefragt, mit Sprache und ihren Stilmitteln umzugehen. Ihre Vorbereitungen bestehen also nicht darin, Arbeitsmittel herzustellen, sondern sich selbst in die Lage zu versetzen, für Sprache begeistern zu können.

Zu den Zielen des Sprachbereiches „Lesen lernen/Umgang mit Texten" gehört nicht nur das flüssige, sinnerfassende Lesen, sondern auch der kritische Umgang mit Texten sowie die Fähigkeit, Textformen erkennen zu können.

Bei den Lernzielen der verschiedenen Fächer gibt es solche, die am Ende der Grundschulzeit erreicht sein sollten, und andere, die sozusagen als Langzeitziele immer wieder mittrainiert werden, aber noch nicht erreicht sein müssen. Das flüssige, sinnerfassende Lesen von Texten ist z. B. ein Ziel, das von allen Kindern am Ende der Grundschulzeit beherrscht werden sollte. Andere Ziele, wie z. B. die kritische Bewertung von Texten, werden im Unterricht stets mitgeübt, gehören aber eher zu den Langzeitzielen.

6.2.1.2. Rechtschreiben
Zum Üben der Rechtschreibung hat Montessori keine eigenen Materialien oder Ideen entwickelt. Deswegen übernahmen Montessori-Schulen das, was jeweils anerkannte Form der Rechtschreibsicherung war.

Wenn ein Kind in die Schule kommt, ist sein aktiver und passiver Wortschatz bereits so groß, daß es unmöglich ist, diesen gesamten Wortschatz „richtig" schreiben zu lernen. Um aber die Arbeit am Wortschatz überschaubar und erfolgreich zu machen, wird das Rechtschreibtraining auf einen sogenannten „Grundwortschatz" von etwa 1000 Wörtern beschränkt (vgl. Richtlinien Sprache). Der Grundwortschatz besteht einerseits aus den Wörtern, die statistisch am häufigsten geschrieben werden, und andererseits aus den Wörtern, die für Kinder wichtig sind, wobei hier die realen Gegebenheiten des Wohnumfeldes Berücksichtigung finden. Ferner müssen die Wörter des Grundwortschatzes die wichtigsten Recht-

Material zur Rechtschreibung. Ein Mädchen übt die richtige Schreibweise von verschiedenen Wörtern.

schreibregelungen repräsentieren. Man kann den Grundwortschatz, der für die eigene Schule gelten soll, selbst zusammenstellen, man kann aber auch auf Wortlisten in Arbeitsheften oder Sprachbüchern zurückgreifen und diese durch die Wortlisten, die dem Schulstandort oder der Klassensituation entsprechen, ergänzen.

Die Sicherung der Rechtschreibung gilt als Prinzip für alle Unterrichtsformen und Fächer. Die Kinder müssen daran gewöhnt werden, Wörter, die sie geübt haben, in allen Textformen (nicht nur bei entsprechenden Diktaten) richtig zu schreiben. Dies hat viel mit der inneren Haltung eines Kindes zu tun. Die Erfahrung zeigt, daß Kinder, die richtig schreiben „wollen", bessere Rechtschreiber werden als jene, denen es „eigentlich" eher egal ist, ob sie richtig oder falsch schreiben.

In der gegenwärtigen Literatur (z. B. Niedersteberg, Süselbeck) gibt es viele überzeugende Anregungen für Rechtschreibübungen in der Freiarbeit wie für die Arbeit im gebundenen Unterricht, die zu den Prinzipien der Montessori-Pädagogik passen. Eine Möglichkeit sei hier geschildert:

Die Arbeit mit der „Box für die Lernwörter", von den Kindern kurz „Lernbox" genannt, eignet sich sowohl für die Freiarbeit als auch für den differenzierten Klassenunterricht. Die Lernbox ist ein länglicher Kasten aus sehr festem Karton, der in fünf Fächer oder Kästen unterteilt ist. Diese Lernbox dient zur Aufnahme der Lernwörter. Die wöchentlichen Lernwörter (z. B. acht Wörter pro Woche im 3. Schuljahr) werden von der Lehrerin entweder aus einer Wortliste oder aus der gerade aktuellen Unterrichtseinheit entnommen, wobei das Letztere eher zu empfehlen ist. Jedes Kind schreibt sich die Lernwörter selbst auf. Es knickt dazu ein DIN-A4-Blatt in acht Teile, schneidet die Zettel aus, schreibt die Lernwörter darauf und stellt die Zettel in das erste Fach der Lernbox. Die nachfolgende Übung besteht darin, daß ein Kind einen Zettel aus dem ersten Fach nimmt, das Wort liest, den Zettel umdreht, das Wort aus dem Gedächtnis aufschreibt und dann mit der Vorlage vergleicht. Ist das Wort richtig geschrieben, wandert der Zettel in das zweite Fach. Ist das Wort falsch geschrieben, wird es berichtigt, und der Zettel bleibt im ersten Fach.

Diese Übungen können variiert werden: Statt des Selbstdiktates führen zwei Kinder ein Partnerdiktat durch. Oder (besonders bei jüngeren Schülern beliebt) sie heften an ihre Lernwörter eine Büroklammer, legen sie in eine Dose und angeln sie heraus; das geangelte Wort wird nun wie beschrieben geübt (die Angel hat am Ende der Kordel keinen Haken, sondern einen Magneten). Beim „Laufdiktat" werden die Lernwörter an eine entfernte Stelle im Klassenzimmer gelegt, so daß das Kind zwischen Lernwort lesen und Lernwort schreiben eine Strecke zurücklegen muß und so sein Gedächtnis noch besser trainiert. Wie oft ein Kind üben muß, um sich Wortbilder einzuprägen, kann außerordentlich unterschiedlich sein. Wichtig ist und bleibt die häufige Übung, besonders bei jenen Kindern, die ein schwaches Wortbildgedächtnis haben.

Der Erfolg der Übung wird in freien Texten, individuellen Diktaten, vielleicht auch in gemeinsamen Diktaten ersichtlich. Lernwörter, die dort richtig geschrieben sind, erreichen die letzte Stufe: die bunte Box oder goldene Box. In diesem Kasten werden alle Lernwörter gesammelt, die das Kind nun beim Schreiben richtig aus dem Gedächtnis abrufen kann.

Der Vorteil der Arbeit mit der Lernbox liegt in der selbständigen Arbeit des Kindes sowie in der Tatsache, daß man über vier Jahre einen Wortschatz aufbaut, an dem gezielt und überschaubar gearbeitet wird. Je voller die bunte Box wird, desto mehr hat das Kind den Eindruck, daß seine Bemühungen auch Erfolge haben.

Ziele der Rechtschreibübungen sind nicht nur das sichere gedächtnismäßige Beherrschen möglichst vieler Wörter des Grundwortschatzes, sondern auch das Erkennen und Anwenden von Regeln sowie der richtige Umgang mit einem Wörterbuch.

6.2.1.3. Mündlicher Sprachgebrauch

Gelegenheiten zum mündlichen Sprachgebrauch ergeben sich vielfältig bei der Kooperation in der Freiarbeit; auch Kinder, die bei der mündlichen Erarbeitung eines Themas im Klassenunterricht sehr still sind, finden in der Freiarbeit im Kleingruppen- oder Partnergespräch täglich Gelegenheit, sich zu äußern und Meinungen und Wünsche vorzutragen.

Auch im gebundenen Unterricht finden Gespräche statt, z. B. bei der mündlichen Erarbeitung eines Themas. Die Kinder lernen, daß zu einem Gespräch nicht nur das Reden, sondern auch das Zuhören gehört, daß man auf das Gesagte eingehen und sich beherrschen können muß, um auch anderen Kindern Gelegenheit zu geben, sich zu äußern. Auch beim Morgen- oder Gesprächskreis können die Kinder ihre Meinungen oder kleine Erzählungen vortragen. Ferner bietet die Gruppenarbeit im differenzierten Klassenunterricht die Möglichkeit, miteinander zu reden und zu beraten.

6.2.1.4. Schriftlicher Sprachgebrauch

Der eigenständige schriftliche Sprachgebrauch beginnt, sobald die Kinder des ersten Schuljahres entdecken, daß man seine Gedanken aufschreiben kann. Die ersten kleinen Geschichten können aus zwei oder drei Sätzen, entstehen, z. B.: „Libe Oma. Ich Vamisedch ser. Tauset Küse, deine Lena." – „Da schist ein Skenets ein Ausledisches Kint Tot und DA komt die Polizei."

Das Schreiben von Texten findet in der Freiarbeit spontan statt. Wenn man in seiner Klasse Kinder hat, die besonders gern freie Geschichten schreiben, und man diese dann vorliest, so regt das auch viele andere Kinder zum Geschichtenschreiben an. Die Geschichten von Erst- und Zweitkläßlern zeichnen sich durch naiven Witz und besondere Originalität aus, z. B. :

„Es war einmal ein kleiner Hase. Er hatte einen Freund. Der Freund war ein Fisch."

„Urwaldgeschichte:
Die Eidechse sucht einen Wurm. Der Vogel schnappt die Beute weg. Der Löwe macht sich nichts aus Würmern. Das ist ihm zu wenig Fleisch."

„Der Hahn:
Er kann 30 Hennen haben, aber er ist der Führer der Hühner. Und wenn er 70 Hennen hat, dann ist er der einzige Mann der Hühner. Er gibt sich für seine Hennen hin."

Im gebundenen Unterricht wird zum Verfassen von Texten gezielt angeleitet und dies entsprechend geübt. Es ist Aufgabe des Unterrichtes, viele Schreibanlässe zu schaffen, damit die Kinder sich darin üben, Texte nach eigenen oder vorgegebenen Themen folgerichtig und lebendig aufzuschreiben, sprachliche Mittel wie wörtliche Rede, treffende Ausdrücke oder ansprechende Vergleiche anzuwenden und Anregungen für die Textüberarbeitung aufzunehmen.

Auch hierzu gibt es in der gegenwärtigen Literatur viele Anregungen.

6.2.1.5. Grammatik

Die in der Grundschule geforderten Übungen zur Grammatik werden in den Richtlinien von Nordrhein-Westfalen unter dem Stichwort „Sprache untersuchen" zusammengefaßt. Dazu zählen das Erkennen und Bestimmen bestimmter Wortarten, die Zeitstufen des Verbs, die Formen des Nomens und des Adjektivs und die Unterscheidung von bestimmten Satzgliedern sowie die Kenntnis über Formen des Satzes.

Für das Unterscheiden von Wortarten und das Erkennen ihrer Funktion stehen in der Freiarbeit vor allem die Wortsymbole mit ihren begleitenden Übungen zur Verfügung, für das Erlernen von Satzstrukturen und Satzgliedern die sogenannte Satzanalyse (vgl. 1.3.). Prinzip dieser Arbeitsmittel ist es, stufenweise durch zunächst symbolhaftes Erfassen zur begrifflichen Erfassung von Wortarten und Satzgliedern zu kommen, wobei Wert darauf gelegt werden muß, daß die Kinder durch die Art der Aufgabenstellung immer wieder neu zum Nachdenken angefordert werden.

Die Übungen der Freiarbeit können durch den gebundenen Unterricht neue Anregungen und Ergänzungen erfahren. Insgesamt sind die in der Freiarbeit angebotenen Aufgaben aber so umfassend, daß der größte Teil des Grammatikunterrichtes durch die Freiarbeit abgedeckt ist.

Drei Jungen des vierten Schuljahres erfinden Sätze, indem sie zu bestimmten Prädikaten passende Subjekte und Objekte suchen.

Die Fächer im einzelnen | 113

6.2.2. Mathematik

Die Bildung des „mathematischen Geistes" war Montessori ein wichtiges Anliegen. Das Verlangen schon des kleinen Kindes, die Vielfalt von Erscheinungen zu ordnen, und seine Fähigkeit, Ordnungskriterien zu entdecken, haben ihren Ursprung in dem Zusammenhang zwischen den Gesetzmäßigkeiten der Natur und der angeborenen Geisteskraft des Menschen. Der Mensch ist Teil der Natur und unterliegt auch diesen Gesetzen, aber der menschliche Verstand kann sich dessen bewußt werden und sie erkennen.

Die Bildung des mathematischen Geistes beginnt schon früh, nämlich dann, wenn ein Kind Gleichheiten und Unterschiede feststellt, wenn es Eigenschaften von Dingen erkennen und abstrahieren und wenn es sich etwas vorstellen kann. Die Arbeit mit dem Sinnesmaterial im Kinderhaus fördert die Fähigkeit zu beobachten, zu analysieren und zu klassifizieren. Insofern bereitet die Arbeit mit dem Sinnesmaterial das Verständnis für mathematische Zusammenhänge vor. (1, 166)

Zusätzlich haben die Kinder im Montessori-Kinderhaus Gelegenheit, mit geometrischen Formen und Figuren Erfahrung zu machen sowie mit den Materialien Spindeln, Chips und blau-roten Stangen (vgl. 13, Teil 3) die Mengen und Ziffern von 1–9 kennenzulernen und mit der Seguintafel die Zahlen bis zwanzig. Darüber hinaus wird ihnen mit dem Goldenen Perlenmaterial und dem Kartensatz die Ordnung des Dezimalsystems dargeboten.

Prinzip des Mathematikmaterial Montessoris ist es, das Kind vor allem auf Ordnungsstrukturen und Zusammenhänge aufmerksam zu machen. Es ist sehr umfassend, einsichtig strukturiert und aufeinander aufbauend.

Die Auswahl während der Freiarbeit wird vor allem durch das Interesse des Kindes an einem bestimmten Material geleitet, zusätzlich bietet die Lehrerin Arbeitsmittel an, von denen sie weiß, daß sie für die Vorbereitung späterer Abstraktionsvorgänge sehr wichtig sind. Dies sind z. B. im ersten und zweiten Schuljahr Goldenes Perlenmaterial, Markenspiel, Kleines

Divisionsbrett, Kleines Multiplikationsbrett, Tausenderkette, Kurze Ketten, Punktspiel, Kleiner und Großer Rechenrahmen und Große Division; im dritten und vierten Schuljahr ebenfalls die Rechenrahmen, Große Division, Großes Multiplikationsbrett (Schachbrett genannt), Goldenes Perlenmaterial zum Quadrieren und Wurzelziehen, Bruchrechnung, Rechnen in verschiedenen Zahlensystemen etc. (es kann hier keine vollständige Aufzählung aller Mathematikmaterialien gegeben werden). Alle Arbeitsmittel stehen vom ersten bis vierten Schuljahr zur Verfügung, die meisten können mit unterschiedlich schweren Aufgabenstellungen von jüngeren und älteren Kindern genutzt werden. Da sowohl die Aufgabenkarten wie die Materialien auf schrittweises Erfassen von Schwierigkeiten angelegt sind, haben auch Kinder, die mathematisch nicht so begabt sind, Freude daran, mit ihnen zu arbeiten.

Ein Erstkläßler wiegt mit der Waage Bohnen ab.

Die Fächer im einzelnen | 115

Die eben aufgezählten Arbeitsmittel gehören dem Teilbereich Arithmetik an, doch weisen einige von ihnen, wie z.b. das Goldene Perlenmaterial, die Perltreppchen zum Auslegen des kleinen Einmaleins, die Arbeiten zum Quadrieren und Wurzelziehen oder die Kurzen und Langen Ketten auf die Verbindung zur Geometrie hin. Zusätzlich gibt es Material, um Erfahrungen mit Flächen und Körpern zu machen: die geometrischen Körper, Binomischer und Trinomischer Kubus, den Kasten mit den Kuben und Quadraten, die metallenen quadratischen und dreieckigen Figuren.

Ähnlich wie Quadrieren, Wurzelziehen und Bruchrechnung nicht zum Lehrplan einer Grundschule gehören, weist auch ein Teil des Geometriematerials über die Grundschule hinaus. Aber es geht bei diesen Übungen nicht um ein „Vorauslernen", sondern es geht darum, das Interesse der Kinder aufzufangen und spätere Abstraktionsvorgänge rechtzeitig vorzubereiten: Das ist der Sinn solcher Übungen. In der Freiarbeit zeigt sich immer wieder, wie gerne Kinder mit Hilfe eines entsprechenden Materials „schwierige" Aufgaben lösen.

Drei Mädchen aus dem dritten Schuljahr rechnen verschiedene Aufgaben mit den Bruchteilen und ganzen Kreisen der „Bruchrechnung".

116 | Die Fächer in Freiarbeit und gebundenem Unterricht

Zwei Erstkläßler rechnen gemeinsam Plusaufgaben im Zahlenraum bis zehn. Sie benutzen dabei die „Rechenstufe".

Für das Rechnen mit Größen stehen in der Freiarbeit eine „Kasse" mit Papiergeld, Waage und Gewichtssteine, Metermaß und Litergefäße zur Verfügung. Kinder haben in ihrem realen Lebensbezug heute wenig Möglichkeiten, mit Gewichten, Maßen und Litergefäßen zu arbeiten. Deswegen ist es wichtig, daß sie mit Meter und Zentimeter, Kilogramm und Gramm, Liter und Millimeter nicht nur rechnen, sondern auch Erfahrungen machen können.

Während sich die Reihenfolge der Arbeiten in der Freiarbeit in erster Linie nach dem Interesse der Kinder und ihrer Aufnahmefähigkeit richtet, plant die Lehrerin ihren gebundenen Unterricht in Anlehnung an den Lehrplan. Dieser sieht z. B. für das erste Schuljahr Rechnen im Zahlenraum bis zwanzig vor. Die tägliche Praxis zeigt, daß im Zahlenraum bis zwanzig viel geübt werden muß, damit die Kinder Mengen in Gruppen erfassen und nicht nur zählend rechnen können. Die Kinder finden dafür in der Freiarbeit die Arbeitsmittel vor, die sie schon aus dem Kinderhaus kennen (falls sie in einem Montessori-Kindergarten waren), doch haben die Anfangsmaterialien Spindeln, Chips, blau-rote Stangen und Seguintafel nicht mehr die gleiche Anziehungskraft wie im Kinderhaus. Andere Arbeitsmittel, wie z. B. das Streifenbrett, bieten Möglichkeiten, im Zahlenraum bis zwanzig zu addieren und zu subtrahieren, doch fehlt insgesamt in diesem Zahlenraum ausreichendes Montessori-Material, so daß Arbeitsmittel von anderen Firmen hinzugenommen oder von der Lehrerin hergestellt werden müssen. Auch ein Mathematikbuch, das selbständiges Arbeiten in individuellem Lerntempo erlaubt, ist bei den Kindern beliebt.

Alle anderen Bereiche des Mathematikunterrichtes werden durch das Montessori-Material hervorragend vertreten. Wenn Themen im Klassenunterricht erarbeitet werden, sind diese gewöhnlich durch die Freiarbeit schon bekannt oder gut vorbereitet. Wenn z.b. im dritten Schuljahr die schriftliche Addition eingeführt wird, kann bei fast allen Kindern auf Erfahrungen mit Rechenrahmen oder Punktspiel aufgebaut werden; wenn im vierten Schuljahr die schriftliche Division gelernt werden soll, kann auf Kenntnisse mit der Großen Division zurückgegriffen werden usw. Es reicht aber nicht, wenn Kinder sich in der Arbeit mit dem Material an Mathematik begeistert zeigen und Verständnis erwerben: Die Übungen müssen so oft durchgeführt werden, daß Lehrinhalte wie das kleine Einspluseins, das Einmaleins oder das Rechnen in den vier Grundrechenarten zügig und sicher abgerufen werden können. Das wiederholte Üben wird deswegen häufig Ziel des gebundenen Unterrichtes sein.

6.2.3. Sachunterricht

Der Sachunterricht der Grundschule bezieht sich auf heimatgeschichtliche, erdkundliche, naturwissenschaftliche und soziale Themen. Die Themenbreite ist groß, und sie kann durch aktuelle Besonderheiten ergänzt werden. Themen des Sachunterrichtes werden häufig fächerübergreifend eingesetzt, so können z. B. Sprache, Kunst und Sachunterricht häufig unter dem gleichen Thema bearbeitet werden.

In der Freiarbeit steht eine Fülle von Arbeitsmitteln zu den Bereichen Heimatkunde, Erdkunde, Geologie, Biologie, Zoologie, Verkehrserziehung, Technik, Physik und Elektrotechnik bereit. Die Tradition der Montessori-Schulen hat eine Fülle von erprobten Arbeitsmitteln hervorgebracht, außerdem sind Sachkundearbeitsmittel leicht durch eigene Herstellung zu vervollständigen oder zu kaufen.
Der gebundene Unterricht wird durch den Unterrichtsgang ergänzt. Viele Dinge (Kirchen, Burgen, Museen, Berge usw.) muß man aufsuchen, weil die Wirklichkeit beeindruckender ist als eine Abbildung. Das Interesse für ein Thema wird durch den Unterrichtsgang erhöht, und die Kinder finden leichter Zugang zu ihrer eigenen Umwelt.

Zu den Zielen des Sachkundeunterrichtes gehört nicht nur der Erwerb gesicherter Kenntnisse, sondern auch das genaue Beobachten, das sachgerechte Durchführen von Versuchen und die Verknüpfung von außerschulischem und schulischem Wissen. Denn gerade bei sachkundlichen Themen wird deutlich, wie wach die Kinder die Geschehnisse außerhalb der Schule wahrnehmen.

6.2.4. „Kosmische Erziehung"

6.2.4.1. Theoretischer Ansatz
Bei Montessori kommt der Begriff „Sachunterricht" nicht vor. Sie spricht von „Kosmischer Erziehung" und meint damit etwas anderes als das, was wir unter „Sachunterricht" verstehen.
Montessori versteht unter Kosmos ein geordnetes Universum, von Gott geschaffen, aber dem Menschen zur Mitarbeit und Vollendung überantwortet. (6,19f) In diesem Kosmos hat jede Pflanze, jedes Tier seine Aufgabe, und „vom Werk eines jeden hängt die Lebensmöglichkeit des Ganzen ab" (6,21). Der Mensch hat Teil an dieser Aufgabe, ja, er ist der „aktivste der wirkenden Kräfte, die dazu bestimmt sind, die Umgebung zu verändern und zu vervollkommnen" (6,22). Montessori bejaht die Veränderung der Welt durch den Menschen, sie sieht dies als seine kosmische Mission an. Aber die schöpferische Arbeit der Menschen muß in Einklang

stehen mit dem Beziehungsgefüge, das in der Natur herrscht und deren Teil der Mensch ist. Tatsächlich haben die Menschen über der Veränderung einzelner Gegebenheiten die Ordnung des Ganzen aus dem Auge verloren. Dadurch haben sie Bedingungen geschaffen, die sowohl die psychische Befindlichkeit des Menschen als auch die Vernetzung aller natürlichen und kulturellen Gegebenheiten außer acht lassen und nun sowohl ihn selbst als auch die Natur bedrohen. Der „Mensch ist orientierungslos und besitzt keine Kontrolle über seine eigene Schöpfung" (6, 25). Deswegen ist es die dringlichste Aufgabe des Menschen, sich seiner kosmischen Aufgabe bewußt zu werden: Er muß seine eigenen Bedürfnisse verstehen lernen, seinen eigenen Platz im Universum bestimmen und bei seinem Wirken auf der Erde die Ganzheit aller Erscheinungen bedenken. Er muß Verantwortung für sich selbst, für die Menschheit, für die Natur und für sein eigenes Schöpfungswerk, die „Supra-Natur" (6, 25), übernehmen.

Ein Ziel der kosmischen Erziehung ist es daher, sich darin zu üben, die Details nicht vereinzelt, sondern in ihrer Beziehung zum Ganzen zu sehen. Eine weitere Aufgabe, die damit verknüpft sein muß, liegt in den Fragen: Wo ist der Platz des Menschen in dieser Ganzheit, und wo ist mein individueller Platz?

„Die Gesetze, die das Universum regieren, können dem Kind interessant und wunderbar gemacht werden ... und so beginnt es zu fragen: Was bin ich? Was ist die Aufgabe des Menschen in diesem wunderbaren All? Leben wir wirklich nur für uns hier, oder gibt es mehr für uns zu tun? Warum streiten und kämpfen wir? Was ist gut und böse? Wo wird das alles enden?" (6, 42)

6.2.4.2. Praktischer Ansatz
Die Grundlage für die Übernahme von Verantwortung sind die *Liebe* zu den Menschen und das *Staunen* über die Großartigkeit der Welt, in der wir leben. Ein in die Tiefe gehendes Lernen führt dazu, daß der Lerngegenstand geliebt wird und das kindliche Staunen erhalten bleibt. Wenn beim Lernen von Einzelheiten immer wieder der Blick auf die Zusammenhän-

ge gelenkt wird, erschließen wir den Kindern Wege, eine Ahnung von der Großartigkeit des Universums zu erlangen. Wie mitreißend das „Große" sein kann, wenn es nur gelingt, den Blick vom Alltag weg auf das Universum zu richten, zeigte das Interesse, das im Jahre 1997 durch den Kometen Hale Bopp ausgelöst wurde. Tausende von Menschen waren fasziniert von dieser Erscheinung und ließen sich von der Großartigkeit des Universums gefangen nehmen. Aber zum Universum gehören ja nicht nur die Sterne und Planeten, sondern auch der Regenwurm im Garten und die Spinne in der Zimmerecke. Denn sie alle haben ihren Platz im Beziehungsgefüge dieser Welt und werden um so interessanter, je mehr man von ihnen weiß.

Damit die *Vorstellung des Kindes präzisiert wird* und sich nicht in phantastischen Mutmaßungen verliert, muß das Kind Gelegenheit haben, sich durch handelndes Lernen sachgemäße Kenntnisse zu erarbeiten. Dazu dienen Arbeitsmittel wie das geologische Zeitband, der Geologiebaukasten, die modellhafte Darstellung von Sonne und Planeten, Globus, Arbeitsmittel zur Pflanzen- und Tierkunde, physikalische Versuche und mathematische Übungen. (Vgl. Kapitel 5)

Die Fülle der Dinge, die ein Kind lernen will und soll, *muß einen inneren Zusammenhang haben*, damit sich das Interesse des Kindes nicht in Einzelheiten verliert, sondern zentralisiert wird. (6, 41) Alles, was gelehrt wird, muß unter dem Gesichtspunkt gelehrt werden, daß es nicht alleine für sich steht, sondern in Beziehung zu anderen Teilen.

> *„Die Sterne, die Erde, die Gesteine, alle Formen des Lebens bilden in enger Beziehung untereinander ein Ganzes; und so eng ist diese Beziehung, daß wir keinen Stein begreifen können, ohne etwas von der großen Sonne zu begreifen." (6, 42)*

Wenn ein Kind in der Freiarbeit mit dem Geologiebaukasten arbeitet, dann lernt es etwas über geologische Formationen; aber wenn der Lehrer dazu eine Geschichte erzählt, wie die Erde und die Erdschichten entstan-

Zwei Jungen legen im Treppenhaus das zwanzig Meter lange Band aus, das eine Ahnung von der zeitlichen Dauer der Erdzeitalter vermittelt. Die Jungen heften Bilder an das Band, auf dem die entsprechenden Tiere oder Pflanzen zu sehen sind, die für das jeweilige Zeitalter typisch sind.

den sind, wie sich das Leben auf der Erde entwickelte und daß wir ein Teil dieser Entwicklung sind, dann begreift das Kind etwas vom Zusammenhang des Lebens auf der Erde. Und wenn ein Kind etwas über Bäume lernt, dann sollte die Lehrerin nicht vergessen zu erzählen, wie Bodenbeschaffenheit, Pflanzen- und Tierwelt so zusammenpassen, daß der Baum ein gutes Baumleben führen kann und seinerseits für Pflanzen und Tiere und Menschen Bedingungen liefert, daß auch diese gut leben können.

„Die Lehrerin muß sich die Großartigkeit dieses Ganzen voll zu eigen machen, um es dem Kind vermitteln zu können." (6, 49f)

Aber das reicht noch nicht. Der schulische Unterricht muß ergänzt werden durch Erfahrungen, die das Kind unmittelbar in seiner Umwelt macht und durch die es die Erscheinungen der Natur hautnah erfahren kann.

„Keine Beschreibung, kein Bild, kein Buch kann das wirkliche Sehen der Bäume mit dem ganzen Leben, das sich um sie herum in einem Wald abspielt, ersetzen. Die Bäume strömen etwas aus, was zur Seele spricht, etwas, was kein Buch und kein Museum vermitteln könnte. Der Wald, den man sieht, offenbart, daß es darin nicht nur Bäume gibt, sondern eine Gesamtheit von Lebewesen. Und diese Erde, dieses Klima, diese kosmische Macht sind für alle diese Lebewesen notwendig, damit sie sich entwickeln können. Die Myriaden von Lebewesen rings um diese Bäume und diese Majestät und Mannigfaltigkeit sind Dinge, die man aufsuchen muß und die niemand mit in die Schule bringen kann." (6, 120)

Der Blick des Kindes darf nicht nur auf die Natur gerichtet sein, sondern muß auch auf die „Supra-Natur", das Schöpfungswerk der Menschen, gelenkt werden. Montessori betont die Großartigkeit dieser Schöpfung, und sie möchte, daß die Kinder dieser Schöpfung und der Menschheit, die sie geschaffen hat, Achtung entgegenbringen. Wir alle profitieren von den Anstrengungen, Entdeckungen und Erfindungen, die Menschen vergangener Epochen uns überliefert haben. Durch die Anerkennung der Verdienste der Menschen gelangen wir auch zu einem Bewußtsein des eigenen Wertes und des eigenen Wirkens. (Vgl. 6, 28)

Die Gedanken Montessoris zur „Kosmischen Erziehung", die sie zu einer Zeit äußerte, als Ökologie und Umwelterziehung noch unbekannt waren, klingen uns heute vertraut. Wie wichtig „Kosmische Erziehung" als *Ermutigung* und Stärkung des Lebensgefühls ist, zeigen folgende Beispiele, die deutlich machen, daß eine auf bestimmte Probleme reduzierte Umwelterziehung zu einer nicht sachdienlichen Verengung des Denkens führen kann. Denn das Wissen um die Umweltzerstörung beherrscht das Lebensgefühl heutiger Kinder mehr als Freude oder Dankbarkeit für das bereits Erreichte und kann zu Ängsten und Abwehr führen.

Einer meiner Söhne, der im Kindergarten von Umweltverschmutzung und Umweltzerstörung gehört hatte, sagte einmal auf der Heimfahrt vom Kindergarten nach Hause: „Wenn ich groß bin, lasse ich ein Hochhaus bauen. Da kommen alle Menschen rein und dürfen nicht mehr raus. Drumherum wachsen dann schöne Wiesen." Als er dann später in der Schule war und das Thema im Unterricht auch wieder aufgegriffen wurde, hatte er Einschlafschwierigkeiten, weil er mit der Tatsache nicht fertig wurde, daß Erwachsene einerseits die Umweltzerstörung erkennen, aber andererseits offensichtlich nichts dagegen unternehmen.

Einmal führte ich einer kleinen Gruppe von Kindern den „Baum des Lebens" ein. Es handelt sich dabei um ein Arbeitsmittel, das durch das Bild eines Baumes und seiner Zweige und Äste die Entwicklung der Tiere im Tierreich darstellt, angefangen von den Einzellern und Urtierchen bis zum Menschen. Die Äste und Tierbilder bestehen aus losen Teilen, so daß der Baum von unten nach oben wie ein Puzzle zusammengesetzt wird. Als ich das letzte Teil, das Bild einer Familie, mit den Worten: „Der Mensch ist die Krone der Schöpfung" hinzu legte, schnaubten einige Kinder verächtlich, eine Junge stieß mit dem Fuß gegen das Bild und sagte: „Der Mensch vernichtet doch alles, er baut Atombomben und macht nur die Umwelt kaputt."

Es stimmt, daß wir den Menschen nicht mehr unbefangen als Krone der Schöpfung bezeichnen können. Der biblische Satz: „ Macht euch die Erde untertan", müßte neu übersetzt werden, etwa: „Sorgt euch um die Welt und achtet darauf, daß jeder Gegenstand, jede Pflanze, jedes Tier und jeder Mensch seine Aufgabe in Achtung des anderen wahrnehmen kann." Wir erleben leider das Schöpfungswerk der Menschen ja nicht nur in ihren positiven, sondern auch in ihren negativen Auswirkungen. Zugleich neigen wir dazu, die „Natur" zu romantisieren und die Kultur zu entwerten. Viele Kinder erleben in ihrer Umgebung, daß es billiger ist, defekte Sachen wegzuwerfen, anstatt sie zu reparieren. Sie hören viel von Umweltzerstörung, Hunger in der Welt, Krieg und Elend, aber zu wenig von den vielen erfolgreichen Anstrengungen der Menschen, dem Elend der Welt zu begegnen. Den Kindern wird nicht bewußt gemacht, wie gut sie es haben und daß die positiven Errungenschaften die negativen überwiegen.

Daher sollten Lehrerinnen und Lehrer ihren Unterricht sehr aufmerksam daraufhin überprüfen, ob sie die Kinder mit Problemen konfrontieren, die diese noch gar nicht lösen können. Wenn Umwelterziehung zu Ängsten und Vertrauensverlust führt, ist der Sinn des Unterrichtes verfehlt. Umwelterziehung bei Kindern kann sich nur auf das richten, was Kinder in ihrem eigenen Leben auch verändern können. Sie müssen an verantwortliches Handeln gewöhnt werden; da kann es schon mühsam sein, ein Bonbonpapierchen aufzuheben oder sich ein Getränk in der Mehrwegflasche mitzubringen, anstatt eine Cola-Dose zu kaufen.

Ferner dürfen wir nicht in den Fehler verfallen, die alte Zeit als „gut" und die neue Zeit als „problembeladen" darzustellen. Wenn wir im heimatgeschichtlichen Unterricht von früheren Zeiten erzählen, sollten wir nüchtern darstellen, wie kalt eine Wohnung ohne Heizung, wie schwer Hygiene ohne fließendes warmes und kaltes Wasser, wie dunkel das Haus ohne elektrisches Licht ist. Wir sollten uns selber von den Anstrengungen der Männer und Frauen begeistert zeigen, die Zentralheizungen erfanden und einbauten, die Wasserrohre verlegten, uns hygienische Grundkenntnisse beibrachten und die das elektrische Licht und die Waschmaschine erfanden.

So wie Kinder erkennen sollen, daß jedes Detail in Beziehung zum Ganzen steht, müssen sie erkennen, daß jeder Mensch in Beziehung zur Menschheit steht. „...in der heutigen Epoche scheint die Einheit der ganzen Menschheit unbewußt erreicht zu sein." (6,24) Die Menschen tauschen ihre Güter, ihre Gedanken, ihre Erfindungen und ihre Entdeckung aus, aber es ist noch kein Bewußtsein dafür entstanden, daß dies ein Sieg der Menschheit ist; das Zusammenrücken der Menschen wird häufig noch als Bedrohung erlebt. Die Gestaltung der menschlichen Einheit muß aber ein bewußtes und bejahtes Ziel werden, und zwar in der Weise, daß über die Achtung vor der Individualität des Menschen die Einmaligkeit aller Menschen auf der Erde erkannt wird und einer für den anderen Verantwortung übernimmt.

"Die neuen Generationen müssen verstehen, daß in dieser Union jeder Mensch abhängig ist von anderen Menschen und jeder zur Existenz aller beitragen muß." (6, 27)

Kosmische Erziehung soll zu einer bewußten Sichtweise des Zusammenwirkens von Natur und Mensch, zur Bejahung der menschlichen Wirksamkeit und zu der Bereitschaft führen, Verantwortung zu übernehmen und das Wirken in der eigenen „kleinen" Welt in seiner Beziehung zur großen Welt zu erkennen.

6.2.5. Sport

Die Bewegungserziehung hat einen zentralen Platz im Konzept Maria Montessoris, aber nicht im Sinne der Einübung sportlicher Disziplinen, sondern im Sinn einer ganzheitlichen Erziehung des Kindes. Körper und Geist gehören untrennbar zusammen. Bewegungserziehung als Prinzip gilt sowohl für die Freiarbeit als auch für den gebundenen Unterricht. Darüber hinaus wird an Montessori-Schulen der Sportunterricht im Sinne der jeweiligen Richtlinien und der gegenwärtigen didaktischen Auffassungen durchgeführt; dabei werden zunehmend Ideen aus dem Bereich der Psychomotorik übernommen. Zum Sportunterricht gehören u.a. Gymnastik und Tanz, Boden- und Geräteturnen, Leichtathletik, Schwimmen und Spiele. Die Kinder sollen lernen, ihren Bewegungsdrang zu steuern, sich in Mannschaftsspielen fair einzusetzen, dabei körperliche Geschicklichkeit, Kondition und Kraft erwerben und die sportliche Betätigung zur Erhaltung der Gesundheit und zur Gestaltung von Freizeit für sich zu entdecken.

6.2.6. Musik und Kunst

Zur musikalischen Erziehung hat weniger Montessori selbst als ihre Mitarbeiterin Anna Maccheroni Ideen und Arbeitsmittel für die Freiarbeit entwickelt. (Vgl. 12, 54f; 15)

Wie weit Themen des Musikunterrichtes während der Freiarbeit bearbeitet werden können, hängt einerseits vom jeweiligen Thema, andererseits von den Möglichkeiten der Schule ab. Darüber hinaus wird Musikunterricht im gebundenen Unterricht entsprechend den Richtlinien durchgeführt. Singen, Musizieren und Tanzen gehören ebenso zum Musikunterricht wie das Erlernen von musiktheoretischen Kenntnissen. Die Freude an der Musik sollte sich auch in den Freizeitbereich übertragen lassen.

Auch zum Kunstunterricht hat Montessori keine Vorschläge gemacht. Themen aus dem Kunstunterricht können sowohl in der Freiarbeit als auch im gebundenen Unterricht bearbeitet werden. Zum Kunstunterricht gehören z. B. Zeichnen und Malen, Schneiden und Falten, Textiles Gestalten, Basteln, Modellieren und Werken. Die Kinder sollen Geschicklichkeit in verschiedenen Arbeitstechniken erwerben und dabei bildnerische Stilmittel erkennen und anwenden. Die Freude an künstlerischen Ausdrucksmöglichkeiten sollte sich auch in den Aktivitäten der Freizeit auswirken können.

6.2.7. Religion

Maria Montessori war katholisch und blieb ihrer Kirche ein Leben lang verbunden, ohne sich durch die Konfession einengen zu lassen. Sie hielt die religiöse Erziehung des Kindes für sehr wichtig, weil „Religion eine universale Empfindung ist, die in jedem Menschen existiert und existiert hat seit Beginn der Welt" (8, 49). Die religiöse Bindung hilft, die Sinnfragen des Lebens zu beantworten, deswegen darf Erziehung die religiöse Unterweisung nicht ausklammern.

> *„Wenn Religion fehlt, so fehlt uns etwas Fundamentales für die Entwicklung des Menschen." (8, 49)*

Grundlage der religiösen Erziehung ist die Achtung vor der Personalität des Kindes. (6, 19) Insofern ist Montessori-Pädagogik erst auf der Grundlage des christlichen Glaubens voll zu verstehen. Die Personalität ist von

Gott gegeben, und es ist Aufgabe von Eltern und Lehrern, „das Göttliche im Menschen zu kennen, zu lieben und ihm zu dienen; zu helfen und mitzuarbeiten von der Position des Geschöpfes und nicht der des Schöpfers" (6, 19). Das Göttliche im Kind äußert sich in der individuellen Ausprägung seiner Person, die das Kind aus eigener Kraft, aber mit Hilfe seiner Eltern und Erzieher schaffen muß. In diesem Selbsterziehungsprozeß gehorcht das Kind einem „inneren Impuls" (8, 44), der zum Schöpfungswerk Gottes gehört. Das Göttliche im Kind äußert sich auch in seinem Freiheitsbedürfnis und in seiner Fähigkeit, sich seiner Umwelt voller Liebe zuzuwenden.

Religiöse Erziehung ist eingebettet in die Gesamterziehung. Unsere Achtung vor der Würde des Kindes und die Hilfen, die wir ihm geben, sich in Freiheit und Verantwortung zu entwickeln, sind gleichzeitig auch religiöse Erziehung. Durch das Beispiel, das Eltern und Erzieher geben, vermitteln sie dem Kind die Achtung vor anderen Menschen, vor ihren Werken und vor den Gegebenheiten der Natur. Da sie in dem Bewußtsein handeln, selbst auch Geschöpf zu sein, weisen sie auf Gott hin, der als Schöpfer über den Menschen steht.

Montessori hat darüber hinaus in ihrem Buch „Kinder, die in der Kirche leben" von ihrer praktischen Arbeit religiöser (katholischer) Unterweisung Zeugnis gegeben. Die Prinzipien der sinnenhaften Unterweisung und der Einübung religiöser Zeremonien sind auf die heutige Zeit übertragbar, die einzelnen Inhalte müssen angepaßt werden. Wichtig bleibt der Gedanke, daß das Kind für Stille und Zeremonie sensibel bleiben muß, wenn es für religiöse Inhalte empfänglich sein soll. Montessori schlägt ein „Atrium" vor, einen kleinen gesonderten Raum als Vorbereitete Umgebung, in dem das Kind verschiedene Handlungen und Arbeiten durchführen kann: eine Kerze anzünden, in der Bibel lesen, beten, einfach Ruhe erleben oder bestimmte Aufgaben bearbeiten. Da in den meisten Schulen ein solches Atrium nicht zu verwirklichen ist, haben viele Lehrer in ihrem Klassenraum eine Ecke vorbereitet, in der die Kinder während der Freiarbeit entsprechende Arbeiten durchführen können. Allerdings ist es ein Merkmal unserer Zeit, daß viele Kinder zu liturgischen Zeremonien zunächst keinen Zugang haben. Oft fehlt die konfessionelle Bindung an eine Kirche, aber selbst wenn sie da ist, sind die Kinder regelmäßigen Kirchgang nicht gewohnt, so daß ihnen viele Erfahrungen fehlen, die Montessori bei ihrer Arbeit ab 1910 voraussetzen konnte.

Alle Inhalte, die adäquat durch Arbeitsmaterial vermittelt werden können, stehen natürlich auch in der Freiarbeit zur Verfügung; allerdings müssen die meisten Arbeitsmittel von den Lehrern selbst hergestellt werden.

Außer in der Freiarbeit findet religiöse Unterweisung im gebundenen Unterricht statt. Dieser richtet sich nach den Lehrplänen der katholischen bzw. der evangelischen Kirche. Zusätzlich müssen die Lehrer viele Ideen entwickeln, um für Kinder, die konfessionelle Bindung kaum noch erleben, Religionsunterricht akzeptabel zu machen.

Konflikte mit den Zielen der Montessori-Pädagogik können sich bei nicht-christlichen Religionen ergeben. Wenn z. B. Mädchen einer islamischen Konfession in der Ausprägung ihrer individuellen Fähigkeiten gehindert werden, weil die Erziehung zur Selbstbestimmung nicht in Einklang mit islamischen Vorstellungen von der Rolle der Frau zu bringen ist, dann entstehen Schwierigkeiten, die nicht befriedigend zu lösen sind.

7. Lernzielkontrollen und Leistungsbewertung

7.1. Allgemeiner Überblick: Zeugnisse

Die meisten Montessori-Schulen geben jeweils zum Ende eines Schuljahres sowie im dritten und vierten Schuljahr zum Halbjahr ein Zeugnis aus, in dem die Leistungen bewertet werden. Das bedeutet, daß die Entwicklung des Kindes und der Lernzuwachs eines jeden Kindes während des Schuljahres beobachtet werden oder in geeigneter Form überprüft werden müssen. Sowohl das Kind als auch die Eltern müssen Rückmeldungen über die Entwicklung und den Leistungsstand des Kindes erhalten.

Im ersten und zweiten Schuljahr gelten in allen Bundesländern notenfreie Beurteilungszeugnisse. Diese kommen der differenzierten Arbeit der Montessori-Schule entgegen. Anders ist es für das dritte und vierte Schuljahr. Drittkläßler erhalten in Regelschulen in Nordrhein-Westfalen Beurteilungszeugnisse mit Noten, sofern die Schulkonferenz nicht das notenfreie Beurteilungszeugnis beschlossen hat. Viertkläßler erhalten Zeugnisse mit Noten. Wenn Montessori-Schulen Privatschulen sind, können sie die Form des Zeugnisses selbst bestimmen; sonst müssen sich Montessori-Schulen an die allgemein geltenden Bestimmungen halten.

Die Eltern müssen über den Entwicklungs- und Leistungsstand ihres Kindes informiert sein. Was ihr Kind kann und was es nicht so gut kann, erfahren sie zu Hause, wenn sie ihr Kind bei der Anfertigung der Hausaufgaben beobachten; ferner durch schriftliche Arbeiten der Schule und durch Erzählungen des Kindes. Diese Erfahrungen müssen durch Gespräche mit der Lehrerin ergänzt werden, vor allem dann, wenn eine nicht vorübergehende Störung in der Entwicklung des Kindes beobachtet wird.

Auch Kinder müssen informiert sein. Die Kinder erhalten normalerweise in der Schule direkte mündliche Rückmeldung durch die Lehrerin oder den Lehrer, wenn sie etwas gut oder weniger gut gemacht haben. Sie wissen im dritten und vierten Schuljahr recht genau, was sie leisten können und was nicht, und sie vergleichen sich auch mit den Mitschülern und Mitschülerinnen. Dieser Vergleich findet durch Beobachtung statt: Die Kinder arbeiten miteinander, kennen sich gut und können dadurch ihren Stand in der Klasse bestimmen.

Zum Halbjahr und zum Schuljahresende findet ein Elternsprechtag statt, und zwar für alle Eltern. Das gegenseitige Kennen und Informieren (auch bei „unproblematischen" Kindern) trägt viel zum Unterrichtserfolg bei. In diesen Gesprächen geht es um die Entwicklung des Kindes, um sein Arbeits- und Sozialverhalten, seine Leistungen und manchmal auch um kleine Begebenheiten, die man sich gegenseitig erzählt, um ein Kind besser zu verstehen.

7.2. Beobachtung der kindlichen Entwicklung und Lernzielkontrollen in Freiarbeit und gebundenem Unterricht

7.2.1. Die Beobachtung

Lehrer haben täglich Gelegenheit, die Kinder in ihrem Arbeits- und Sozialverhalten zu beobachten und zu erkennen, ob die Entwicklung eines Kindes positiv verläuft. So erfahren sie während des Unterrichtes ohne besondere Kontrollen, was die Kinder können. Dieses Wissen ist Voraussetzung für die Unterrichtsplanung. Allerdings muß man sich angewöhnen, die stillen, zurückhaltenden Kinder bewußt zu beobachten, weil es passieren kann, daß man diese im Eifer des Unterrichtens übersieht. Denn die Lehrer sind ja nicht nur Beobachter während des Unterrichtes, sie sind Akteure, die gleichzeitig Kinder, Lehrstoff und Didaktik beachten müssen.

Die Beobachtung bezieht sich sowohl auf das Arbeits- und Sozialverhalten als auch auf Verständnisfähigkeit und Wissenserwerb. Besonders in der Freiarbeit erfahren die Lehrer viel über Arbeitsweise und Leistungsstand des Kindes, können diese Erfahrungen den Eltern mitteilen und auch in die Note oder Beurteilung auf dem Zeugnis einfließen lassen.

Nach oder während des Unterrichtens empfiehlt es sich, Beobachtungen zu notieren, damit sie nicht in Vergessenheit geraten. Die Beobachtungen dienen nicht nur dazu, über den Entwicklungs- und Leistungsstand eines Kindes Bescheid zu wissen, sondern dienen auch als Grundlage für die Planung des eigenen Unterrichtes.

7.2.2. Lernzielkontrollen

Darüber hinaus plant die Lehrerin bzw. der Lehrer auch Lernzielkontrollen in den Unterricht ein. Lernzielkontrollen finden im gebundenen Unterricht statt und beziehen sich in erster Linie auf dessen Lernziele. Prüfungssituationen finden in der Freiarbeit normalerweise nicht statt, es sei denn, ein Kind möchte einmal zu dem, was es gelernt hat, abgefragt werden.

Voraussetzung für Lernzielkontrollen ist die genaue Kenntnis der Ziele, die erreicht werden sollen. Ferner müssen Lehrer und Lehrerinnen bereit sein, ihren eigenen Unterricht daraufhin zu überprüfen, ob er geeignet war, die angestrebten Ziele zu erreichen. Mit anderen Worte: Man kann nur abfragen, was man vorher beigebracht hat. Das schließt nicht aus, daß alle Kenntnisse, die ein Kind in der Freiarbeit oder außerschulisch erworben hat, zum Erfolg einer Arbeit beitragen.

Grundschulkinder sind im Sammelalter. Sie sammeln nicht nur Kastanien oder Fußballbilder, sie sammeln auch Wissen und werden gerne abgefragt, sofern sie sich darauf vorbereiten konnten. *Mündliche Lernzielkontrollen* beziehen sich in erster Linie auf die Kenntnisse, die ein Kind zu einem Thema erworben hat, und wieviel und wie sicher es diese gedächtnismäßig speichern konnte. Ferner wird bei mündlichen Lernzielkontrollen deutlich, ob ein Kind Beziehungen erkennen und selbständig herstellen und wie weit es schulisches und außerschulisches Wissen miteinander verknüpfen kann.

Manche Kinder werden gerne „öffentlich", d.h., wenn andere dabei zuhören, abgefragt. Andere Kinder bevorzugen die Abfrage in der Kleingruppe oder im Einzelgespräch mit der Lehrerin oder dem Lehrer.

Wichtig ist, daß die Kinder über mündliche Lernzielkontrollen Bescheid wissen und Gelegenheit hatten, sich ausreichend darauf vorzubereiten. Selbstverständlich ist, daß in jeder Kontrolle gleich welcher Art die Prinzipien von Fairneß und Ermunterung gelten.

Die schriftliche Lernzielkontrolle wird umgangssprachlich „Klassenarbeit" oder „Test" genannt. Unter einem „Test" ist in diesem Fall kein standardisiertes Verfahren gemeint, wie es aus der Psychologie bekannt ist.

Die schriftliche Lernzielkontrolle muß (in Nordrhein-Westfalen) nicht benotet werden, sondern kann durch ein Punktsystem, durch Bemerkungen oder durch andere Formen der Information beurteilt werden. Voraussetzung ist, daß die Eltern das Bewertungssystem und die Lernziele kennen.

Mit gezielten schriftlichen Lernzielkontrollen muß im ersten und zweiten Schuljahr sehr vorsichtig umgegangen werden. Sechs- und siebenjährige Kinder sind noch einer frühen Entwicklungsstufe verhaftet. Die individuelle Entwicklung steht im Vordergrund, das Messen an einem allgemeinen Maßstab ist noch schwierig, und die Kinder begreifen nicht wirklich, welchen Sinn ein solcher Nachweis hat. Deswegen verzichten viele Lehrer ganz auf solche Arbeiten und ziehen bei ihrer Beurteilung die Notizen hinzu, die sie sich nach Beobachtungen in der Freiarbeit und im gebundenen Unterricht machen.

Im dritten und vierten Schuljahr verändern sich die Kinder. Sie entwickeln Verständnis dafür, daß es außer einem individuellen Maßstab noch einen allgemeinen Maßstab für schulisches Lernen gibt. Einige Kinder fragen z. B. bei Arbeiten in der Freiarbeit: „Muß ich das machen, oder kann ich das machen?" und meinen damit, ob die bestimmte Arbeit zum „Pflichtkanon" aller Schulen gehört und ob man „gut" wird, wenn man diese Arbeit durchführt. Solche Fragen zeigen, daß ein Kind beginnt, sich selbst nicht nur egozentrisch, sondern auch bezogen auf die Gesellschaft zu sehen, in der es lebt, und es begreift, daß man dazu beitragen kann, in dieser Gesellschaft zu bestehen. Das heißt nicht, daß ein Kind nicht mehr spontan seinen Interessen folgt; es zeigt nur, daß es lernt, seine Person mit den Augen und den Ansprüchen anderer zu sehen. Deswegen bringt es für Prüfungssituationen jetzt ein besseres Verständnis auf.

Aber Prüfungssituationen haben etwas Künstliches, so daß es zu Konflikten kommen kann, wie folgendes Beispiel zeigt: Bei einem der ersten Diktate Anfang drittes Schuljahr schaut ein Kind auf ein Nachbarheft, um sich zu vergewissern, ob es ein Wort richtig geschrieben hat. Die Lehrerin ermahnt es, und das Kind verteidigt sich mit den Worten: „Ich habe doch nur geguckt, ob ich richtig geschrieben habe." In dieser kleinen Szene liegt das ganze Dilemma: Die Lehrerin will, wenn sie Diktate schreiben läßt, wissen, was ein Kind ohne Hilfe kann; das Kind will das Diktat möglichst gut machen und bedient sich der Hilfe, die es bisher auch genutzt hat und die wir alle ein Leben lang nutzen, um Fehler zu vermeiden: Wir fragen jemanden, oder wir gucken nach. Solche widersprüchlichen Situationen entstehen nur bei Prüfungen, gleich welcher Art. Aus diesem Grund lehnen etliche Lehrer und Lehrerinnen das gleichzeitige Schreiben von „Klassenarbeiten" ab und wählen andere Formen der Leistungskontrolle.

Es ist aber unrealistisch zu glauben, Schule und Ausbildung würden auf Prüfungssituationen verzichten. Man kann die Kinder auch lehren, damit umzugehen. Dritt- und Viertkläßler kann man darauf vorbereiten, daß es in Prüfungssituationen besondere Spielregeln gibt. Diese besagen: Außerhalb von einzelnen Prüfungssituationen kann ich alle Möglichkeiten der Fehlerkontrolle nutzen, aber bei einem Diktat, einem Rechentest usw. nicht. Für die Lehrer gibt es auch Spielregeln, die sie unbedingt beachten müssen: Die Prüfung muß sich auf Sachverhalte beziehen, die vorher im gebundenen Unterricht intensiv geübt wurden und von denen das Kind weiß, daß es sie auch in Hinsicht auf eine Prüfung (eine Klassenarbeit) lernen soll. Durch die gegenseitige Fairneß in der Einhaltung der Spielregeln können Klassenarbeiten dann relativ entspannt durchgeführt werden. Auch wenn die Arbeiten nicht benotet, sondern beurteilt werden, bleibt das Vertrauensverhältnis zwischen Lehrern und Schülern gewährleistet. Schwierig bleibt es für besonders leistungsschwache Kinder, von denen die

Lehrerin schon vor der Arbeit weiß, daß sie diese nur sehr fehlerhaft durchführen können. Sie kann sich dann entschließen, den Kindern bei der Arbeit zu helfen und dies zu vermerken; oder sie läßt einen einfacheren Test schreiben. Wie sie mit dieser Situation umgeht, richtet sich manchmal mehr nach den Eltern dieser Kinder als nach den Kindern selbst.

7.3. Leistungsbewertung ohne Noten

Die gängige Form der Leistungsbewertung, die wir alle aus eigener Schulzeit kennen, ist die Notengebung, und sie wird teilweise auch an Montessori-Schulen genutzt.

Die Notengebung ist aber keine adäquate Form der Leistungsbewertung, weil sie den größten Teil der Lernziele nicht überzeugend bewerten kann. Das Einüben und Festigen von Anstrengungsbereitschaft, Ausdauer, Konzentrationsfähigkeit, Umsicht, Kreativität, Kooperation und Hilfsbereitschaft sind Lernziele, die nicht in Noten ausgedrückt werden können. Ebenfalls können viele Lernziele der einzelnen Fachgebiete nur unzureichend mit Noten erfaßt werden. Ein Notenzeugnis vermittelt den Eindruck, als sei der Erwerb von abfragbarem Wissen das einzige Lernziel der Grundschule, was faktisch dazu führen kann, daß man dem abfragbaren Wissenserwerb mehr Aufmerksamkeit widmet als den vielen anderen ebenso wichtigen Lernzielen.

An der Notengebung wird deswegen so eisern festgehalten, weil bei Lehrern, Eltern und älteren Kindern das berechtigte Bedürfnis besteht, den Leistungsstand eines Kindes im Vergleich zum gedachten statistischen Durchschnitt erkennen zu können. Dabei hat jeder seine eigenen Vorstellungen vom „statistischen Durchschnitt", der keine feste Größe ist. Trotzdem spielt diese eher theoretische Erwägung in der Praxis der Schule und in den Gesprächen mit Eltern nur eine unbedeutende Rolle.

Wenn man ein anderes Bewertungssystem als das Notensystem benutzen will, muß also über die Kenntnis des individuellen Lernfortschrittes eines

Kindes hinaus bekannt sein, was durchschnittlich von allen erwartet werden kann. Deswegen müssen folgende Fragen geklärt sein:
- Wie heißen die Lernziele, die durch die Lehrpläne vorgegeben sind?
- Was sind die besonderen Lernziele einer Montessori-Grundschule?
- Welche Lernziele sollten durchschnittlich von allen erreicht werden?

Wenn das bekannt ist, können Leistungen viel adäquater durch Beurteilungen als durch Noten beschrieben werden. Ein Beurteilungszeugnis gibt nicht nur Auskunft über den Entwicklungsstand des Kindes, sondern erlaubt auch Einblick in die Arbeit der Lehrerinnen und Lehrer und verdeutlicht, daß der Erziehungsauftrag der Schule nicht nur in der Wissensvermittlung besteht.

Notenfreie Arbeiten und Zeugnisse verhindern das schlagwortartige Umgehen mit Urteilen. Wenn sich Kinder eine Arbeit oder ihr Zeugnis erst in Ruhe durchlesen müssen, um das Resultat zu erkennen, so müssen sie sich auch mit dem Wertmaßstab auseinandersetzen, nach dem beurteilt wurde.

Die Grundlagen für Beurteilungszeugnisse müssen in der Lehrerkonferenz erarbeitet und mit den Eltern abgesprochen werden. Auf diese Weise erreicht man eine hohe Akzeptanz von Beurteilungszeugnissen ohne Noten. Auch für weiterführende Schulen sind Beurteilungszeugnisse meist kein Problem, weil sie durch die jährlichen Gutachten der Viertkläßler diese Form der Leistungsbewertung kennen. Schwierigkeiten können dann auftreten, wenn Beurteilungszeugnisse für Kinder wie Beurteilungszeugnisse aus dem Berufsleben Erwachsener gelesen werden; da in diesen keine negativen Formulierungen enthalten sein dürfen, wird beim Lesen der Kinderzeugnisse manchmal nach den verborgenen Hinweisen auf Probleme gefahndet. Hier muß dann eine bessere Zusammenarbeit mit den weiterführenden Schulen gesucht werden.

7.3.1. Beispiel für ein Beurteilungszeugnis

Zeugnisse richten sich in erster Linie an die Eltern. Im folgenden ist beispielhaft ein Beurteilungszeugnis aufgeführt, das die Eltern (und natürlich auch die Kinder) über den Leistungs- und Entwicklungsstand des Kindes informiert.

MONTESSORISCHULE
Adresse der Schule

ZEUGNIS

3. Schuljahr – 2. Halbjahr

für: Luisa ...

geboren am: ...	Klasse: St 3/4	Schuljahr:

HINWEISE ZUM ARBEITS- UND SOZIALVERHALTEN:
Luisa wählte in der Freiarbeit ihre Arbeiten selbständig aus und führte sie konzentriert und zuverlässig zu Ende. Sie arbeitete gern zusammen mit Freundinnen.
Am gebundenen Unterricht nahm sie interessiert teil.
Sie war freundlich und hilfsbereit und hielt sich sicher an die Gemeinschaftsregeln.

HINWEISE ZU LERNBEREICHEN/FÄCHERN:

SPRACHE/MÜNDLICHER SPRACHGEBRAUCH:
Luisa drückt sich treffend aus und beteiligte sich sachbezogen am mündlichen Unterricht. Sie kann ihre Meinung angemessen vertreten, zuhören und auf die Mitteilungen anderer eingehen.

UMGANG MIT TEXTEN:
Sie liest Texte unterdessen flüssig, versteht den Sinn, kann den Inhalt richtig wiedergeben und auch zu eigenen Erfahrungen in Beziehung setzen.

RECHTSCHREIBEN:
Bei Sprach- und Rechtschreibübungen sowie beim Abschreiben machte Luisa insgesamt wenig Fehler. Bei Diktaten – erarbeiteten Texten aus dem Grundwortschatz – machte sie sowohl viele als auch wenige Fehler. Sie übte in der Freiarbeit regelmäßig mit der Rechtschreibkartei und der „Lernbox". Insgesamt läßt sich eine Verbesserung der Rechtschreibsicherheit erkennen.
Sie kann das Wörterbuch als Hilfe benutzen.
Die Schrift ist ordentlich.

SCHRIFTLICHER SPRACHGEBRAUCH:
Luisa schrieb Texte nach selbstgewählten oder vorgegebenen Themen folgerichtig und lebendig auf. Sie benutzte dabei sprachliche Mittel wie treffende Ausdrücke oder wörtliche Rede. Ihre Aufsätze enthielten manchmal noch sprachliche Mängel.

Leistungsbewertung ohne Noten | 137

SPRACHE UNTERSUCHEN
In der Freiarbeit führte Luisa Übungen zur Bestimmung der Wortarten durch. Mit Hilfe der Wortsymbole unterscheidet sie meist sicher Artikel, Adjektive, Nomen, Verben und Präpositionen. Nomen, Artikel und Verben kann sie mit ihren Begriffen bezeichnen.
Die Heftführung zu den Themen des gebundenen Unterrichtes war sorgfältig.

MATHEMATIK:
Luisa beherrscht meist sicher die schriftlichen Formen der Addition und Subtraktion; bei den halbschriftlichen Formen der Multiplikation und Division sowie beim Notieren von Größen (Geldbeträge, Längen, Gewichte) in Kommaschreibweise unterlaufen ihr Fehler, besonders außerhalb der entsprechenden Übungsphasen. Sachaufgaben mit einem Denkschritt rechnete sie meist richtig, mit zwei Denkschritten noch fehlerhaft. In der Freiarbeit bearbeitete sie viele Übungen zur Bruchrechnung.

SACHKUNDE:
Luisa arbeitete themenbezogen und interessiert mit. Sie lernte gezielt und konnte dann Wissen sicher im Gedächtnis behalten. Die schriftlichen Unterlagen zu einem Naturkundethema waren vollständig und um eigene Beiträge bereichert, die sie in der Freiarbeit anfertigte.

KUNST:
Luisa malte und bastelte ideenreich, geschickt und liebevoll.

MUSIK:
Sie beteiligte sich interessiert; beim Singen zeigte sie eine fast sichere Melodieführung.

SPORT:
Luisa zeigte Leistungskraft und freudigen Einsatz in allen durchgeführten sportlichen Disziplinen.

RELIGION:
Sie arbeitete interessiert mit und konnte den Inhalt von biblischen Geschichten gut wiedergeben.

Luisa nimmt ab 1.8.19.. am Unterricht der Klasse 4 teil.

Bonn, den ...   Konferenzbeschluß vom ...

   Klassenlehrerin   Siegel   Rektorin/Konrektorin

Kenntnis genommen: _____ Wiederbeginn des Unterrichts:
          Erziehungsberechtigte

8. Die Bedeutung der Montessori-Pädagogik für die Gegenwart

8.1. Kurzer Überblick über das Leben Maria Montessoris

Maria Montessori wurde 1870 in Italien in der Nähe von Ancona geboren, zog später mit ihren Eltern nach Rom und verbrachte dort ihre Jugend- und Studienzeit. Weil ihre naturwissenschaftliche Begabung offensichtlich war, besuchte sie nach der Grundschule eine technische Schule für Jungen, erkämpfte sich nach deren Abschluß einen Studienplatz in der Medizin und wurde die erste Ärztin Italiens. Als Assistenzärztin an der psychiatrischen Klinik in Rom erkannte sie, daß die Betreuung geistig- und lernbehinderter Kinder nicht nur ein medizinisches Problem war, sondern auch ein pädagogisches. Sie erforschte die Möglichkeiten, geistig geschädigten Kindern über die Sinneserziehung zu helfen und ihnen durch Eigentätigkeit mit gezielt entwickeltem didaktischen Material Lernanreize zu geben. Sie erzielte dabei überraschende Erfolge. In dieser Zeit führte eine Liebesbeziehung mit einem Arzt zu Schwangerschaft und Geburt ihres Sohnes Mario. Da sie in damaliger Zeit als alleinerziehende Mutter alle beruflichen Möglichkeiten hätte aufgeben müssen, gab sie ihren Sohn in eine Pflegefamilie. Sie hielt regelmäßigen Kontakt zu ihm und nahm ihn als Fünfzehnjährigen endgültig zu sich. Mario wurde ihr zuverlässiger Begleiter, der ihr Lebenswerk nach ihrem Tod fortsetzte.

Angeregt durch die erfolgreiche pädagogische Arbeit mit geistig behinderten Kindern, nahm Maria Montessori ein weiteres Studium, nämlich das der Psychologie, Pädagogik und Philosophie auf und suchte nach einer Gelegenheit, ihre Erkenntnisse und Erfahrungen auf gesunde Kinder zu übertragen. Sie suchte eine Antwort auf die Frage, warum gesunde Kinder im Vergleich zu den von ihr betreuten geistig behinderten Kindern relativ weniger lernten und sich relativ schlechter entwickelten.

Die Gelegenheit, gesunde Kinder in ihrer Entwicklung zu beobachten, ergab sich, als eine Wohnungsbaugesellschaft in einem heruntergekommenen Wohnviertel Häuser sanierte und jemanden für die Betreuung der verwahrlosten Vorschulkinder suchte. Im Jahre 1907 wurde das erste Kinderhaus (casa dei bambini) in Rom eröffnet, in dem etwa 50 Kinder von einer Frau betreut wurden, die keine pädagogische Ausbildung hatte, außer der Kenntnis der damals allgemein üblichen Erziehungspraxis. Montessori unterwies sie im Gebrauch des von ihr entwickelten Sinnesmaterials und ließ sie im übrigen gewähren. Montessori selbst war damals Kinderärztin und Professorin für Anthropologie an der Universität Rom und kam regelmäßig zur Beobachtung der Kinder ins Kinderhaus. Das Schlüsselerlebnis ihrer Beobachtung und der Beginn ihrer vollen Zuwendung zur Pädagogik beschreibt sie in ihrem Buch „Kinder sind anders" (5,119): Sie beobachtete ein Kind, das in völlige Konzentration auf eine Tätigkeit versunken war und, nachdem der Arbeitszyklus endete, wie verwandelt wirkte: freudiger, freier, eigenständiger. Sie erkannte, wie sich die Kinder durch Eigentätigkeit mit dem „Sinnesmaterial" und mit den „Übungen des täglichen Lebens" in ihrer Arbeitshaltung und ihrem Sozialverhalten veränderten, und entwickelte durch weitere, gründliche Beobachtung der kindlichen Aktivitäten ihre pädagogischen Prinzipien. 1909 gab sie ihre Praxis als Kinderärztin auf und widmete sich ganz der Ausbildung von Erzieherinnen, Lehrerinnen und Lehrern für die Montessori-Kinderhäuser und -Schulen, die sich bald in vielen Ländern zahlreich gründeten. Durch den 2. Weltkrieg und totalitäre Regierungssysteme in Deutschland, Italien und Spanien wurde ihr blühendes Lebenswerk teilweise wieder zerstört, doch begann sie 1949 sofort wieder in Europa zu wirken, bis sie 1952 im holländischen Nordwijk aan Zee starb.

8.2. Die Gegenwartsbedeutung der Montessori-Pädagogik

Die Gegenwartsbedeutung der Montessori-Pädagogik wird mit ihren eigenen Worten am besten beschrieben:

> „Die materielle Welt befindet sich in einer vollständigen Umwandlung und bietet die Ungewißheiten und Gefahren, die aus einer neuen Anpassung entstanden sind. Wir haben jene ‚Sicherheit' der alten Zeit verloren.

Jene Zeit ist vorüber, wo der Beruf sich ungestört vom Vater auf den Sohn vererbte. Die Gewißheit einer guten Anstellung, die gute Studien belohnte, ist verloren. Die Familie kann das nicht mehr wie früher garantieren. Nicht einmal der Staat ist in der Lage, seinen Bürgern, die für höhere Berufe bestimmt sind, eine Anstellung zuzusichern, wenn sie ihre Fachschulen absolviert haben. Man muß nun den neuen Schwierigkeiten ins Auge sehen, die die Unsicherheit der modernen Bedingungen hat auftauchen lassen. Die Welt befindet sich zum Teil im Zustand des Auseinanderfallens, zum Teil im Zustand des Wiederaufbaues. Der Wechsel zwischen Fortschritt und Regression schafft die Unsicherheit... Unter diesen sozialen Bedingungen müssen wir uns daran erinnern, daß der einzige sichere Führer der Erziehung darin besteht, die Personalität der Kinder zu fördern... Die Fähigkeit zur Anpassung ist heute wesentlich; denn wenn der Fortschritt unaufhörlich neue Karrieren öffnet, so unterdrückt er auch unaufhörlich die traditionellen Berufe oder revolutioniert sie." (9, 93f)

Montessori nennt folgende Eigenschaften, die Kinder erwerben müssen, wenn sie sich in der neuen Zeit bewähren sollen: Mut, Charakterstärke, Verstandeskraft, Verantwortungsbereitschaft und praktische Fähigkeiten. (9, 94)

Man könnte einwenden, daß auch andere große Pädagogen gleichwertige Ziele nennen. Montessoris Verdienst besteht darin, daß sie in Theorie und Praxis dargelegt hat, wie Erziehung praktisch so verändert werden kann, daß die angestrebten Erziehungsziele auch von „normalen" Eltern und Erziehern erreicht werden können. Montessori gibt uns mit ihren in der Praxis erforschten Prinzipien und Materialien Hilfsmittel in die Hand, die wir zum Wohl der Kinder und zum Wohl unserer selbst einsetzen können. Es geht darum, dem Kind zu helfen, seine Persönlichkeit zu entwickeln, damit es, wenn es erwachsen ist, aus seiner inneren Mitte heraus die Entscheidungen für sein Leben selbständig treffen kann. Die Menschen heutiger Zeit müssen stärker als früher einen Stand in sich selbst haben, weil sie weniger stark durch vorgegebene Ordnungen und Beziehungen abgestützt werden. Und auch der einzelne muß stärker die Verantwortung erkennen, die er nicht nur für sich, sondern für das Lebensgefüge der ganzen Welt hat.

Arbeitsmittel

Montessori-Lehrmittelfirma Nienhuis, Holland:

Goldenes Perlenmaterial und Kartensatz
Markenspiel
Wortsymbole und Wortsymbolkasten
Europapuzzle-Karte
Bruchrechenkreise mit Kasten
Große Division
Rechenrahmen
Geometrische Körper

Kartonagen Honnef, Bonn:
Lernbox

Fa. Lego:
Lego-Technik

Verlag Betzold:
Rechenstufe

Aus eigener Herstellung:
Geologiebaukasten nach einer Idee und Arbeitsanweisungen von Hans Elsner
Elektrokasten (Helmut Stein)
Planetensystem (Esther Stein)
Band vom Zeitalter der Erde (Barbara Stein)

Literatur

Ziffernschlüssel für die im Text benutzte Literatur:

1. Montessori, M.: Das kreative Kind. (Hg. Oswald, P./Schulz-Benesch, G.) Freiburg [12]1997
2. Montessori, M.: Die Entdeckung des Kindes. (Hg: Oswald, P./Schulz-Benesch, G.) Freiburg [10]1996
3. Montessori, M.: Grundgedanken der Montessori-Pädagogik. (Hg. Oswald, P./Schulz-Benesch, G.) Freiburg [15]1997
4. Montessori, M.: Kinder, die in der Kirche leben. Die religionspädagogischen Schriften von M. Montessori (Hg. Helming, H.) Freiburg 1964
5. Montessori, M.: Kinder sind anders. Stuttgart: Klett [12]1997
6. Montessori, M.: Kosmische Erziehung. (Hg. Oswald, P./Schulz-Benesch, G.) Freiburg [3]1996
7. Montessori, M.: Schule des Kindes. (Hg. Oswald, P./Schulz-Benesch, G.) Freiburg [6]1996
8. Montessori, M.: Spannungsfeld Kind-Gesellschaft-Welt. (Hg. Schulz-Benesch, G.) Freiburg 1979
9. Montessori, M.: Von der Kindheit zur Jugend. (Hg. Oswald, P.) Freiburg 1979
10. Elsner, H.: Der Geologie-Baukasten. Montessori-Werkbrief 1982 Heft 1
11. Holtstiege, H.: Maria Montessoris Neue Pädagogik: Prinzip Freiheit-Freie Arbeit. Studien zur Montessori-Pädagogik. Freiburg 1987
12. Steenberg, U.(Hg): Handlexikon zur Montessori-Pädagogik. Ulm 1997
13. Montessori-Vereinigung e.V. Sitz Aachen(Hg): Montessori–Material–Bücher Teil 1 (Kinderhaus), 2 (Sprache) und 3 (Mathematik). Zelhem 1992
14. Richtlinien und Lehrpläne für die Grundschule in Nordrhein-Westfalen Heft Nr. 2001 bis 2007 und 5011-5014. Düsseldorf 1985
15. Wilms, H.: Das Montessori-Musikmaterial – Die Glocken. Reutlingen 1997
16. Eibl-Eibesfeldt, J.: Die Biologie des menschlichen Verhaltens. Grundriß der Humanethologie. München [3]1997

Literatur 143

Auswahl aus der Sekundärliteratur zu Maria Montessori:

Berg, H. K.: Montessori für Religionspädagogen. Stuttgart 1994
Helming, H.: Montessori-Pädagogik. [15]Freiburg 1992
Heiland, H.: Maria Montessori. Reinbek 1991
Holtstiege, H.: Modell Montessori. Freiburg [10]1996
Holtstiege, H.: Erzieher in der Montessori-Pädagogik. Bedeutung-Aufgaben-Probleme. Freiburg 1991
Holtstiege, H.: Montessori-Pädagogik und soziale Humanität. Freiburg 1994
Kramer, R.: Maria Montessori: Leben und Werk einer großen Frau. Frankfurt/M. 1984
Stein, B.: Ich freu mich schon auf morgen. Kleinschrift Bonn [7]1994

Weiterführende Literatur:

Altenburg, E.: Offene Schreibanlässe. Donauwörth 1996
Beudels W./Lensing-Conrady, R./Beins, H. J.: ...das ist für mich ein Kinderspiel. Dortmund 1994
Cube, F. von/Alshuth, D.: Fordern statt Verwöhnen. München 1992
Dührssen, A.: Psychogene Erkrankungen bei Kindern und Jugendlichen. Göttingen 1988
Metze, W.: Differenzierung im Erstleseunterricht. Frankfurt 1995
Naegele I./Valtin, R. (Hg.): Rechtschreibunterricht in den Klassen 1–6. Arbeitskreis Grundschule, Frankfurt 1994
Niedersteberg, I.: Aufbau eines Grundwortschatzes: Klasse 1 und 2. Frankfurt 1995
Oerter,R./Montada, L.(Hg.): Entwicklungspsychologie. Weinheim 1995
Reichen, J.: Lesen durch Schreiben. Zürich 1988
Süselbeck, G.: Aufbau eines Grundwortschatzes: Klasse 3 und 4. Berlin 1996
Spitta, G.: Von der Druckschrift zur Schreibschrift. Frankfurt 1988
Stern, D. Die Lebenserfahrung des Säuglings. Stuttgart 1992
Vester, F.: Denken, Lernen, Vergessen. München 1978

Stichwortverzeichnis

Aktivität 11, 14f, 19, 23, 37, 63f, 68ff
Altersmischung 44ff
Aggression 35ff
Arbeitszyklus 68
Arbeitsmittel 32, 56ff, 76ff (-materialien)
Eigenschaften der A. 76ff
Einführung der A. 15, 32ff, 93ff
Autorität 34ff

Behinderte 100
Beobachtung 25f, 40, 68, 99, 130
Bestätigung 41, 69
Bewegung 12ff

Computer 59

Disziplin 15, 35f, 40, 67, 73, 101

Erziehende Personen 11, 14, 19, 23ff, 62, 72

Fächer der Grundschule 102ff
Fehler 33f
-kontrolle 89ff
Freiarbeit 32, 53, 55ff, 69, 74, 76ff, 102ff
Freiheit – Erziehung zur... 15, 37f, 42, 67, 73, 98
Bewegungsfreiheit 60, 64, 96
Wahlfreiheit 64, 97ff
Zeitfreiheit 64, 97
F. der Kooperation 64, 100f

Gebundener Unterricht 53, 70, 102
Gehorsam 67
Gemeinschaft 10, 20, 22, 44ff, 67
Gewissen 21ff, 34
Geistiger Embryo 11, 18
Grenzen, s. Disziplin

Hausaufgaben 129
Hochbegabte 100

Interesse 39f, 69, 77f, 87, 94, 100, 113, 115f

Jahrgangsklassen 44ff

Kindheit 24
Konzentration 39f, 63f, 70ff, 139
Kooperation 44, 100f
Kosmische Erziehung 118ff
Kulturtechniken – Erwerb 19, 21, 55ff, 76ff, 103ff

Lehrer, s. Erziehende Personen
Lektion 55, 93
Lernzielkontrollen 129ff
Lob 41

Montessori-Diplom 24, 43
-Kurs 24, 32
Moral 22, 35

Natur – Erforschung 19, 21, 55ff, 76ff
Normalisierung 73
Noten 132ff

Offener Unterricht 55
Ordnung/Orientierung 11, 12, 15ff, 19, 21, 59, 98

Phantasie s. Vorstellungskraft
Polarisation der Aufmerksamkeit 63ff

Sachgerechtigkeit 32ff, 88, 93ff
Selbständigkeit des Kindes 13ff, 19, 22, 28ff, 73
Sensible Perioden (Phasen) 12, 19, 95f
Sinne – Sinneseindrücke 12, 13f, 138f
– Sinnesmaterial 17, 64, 104, 113
Spielen 54, 96
Sprache 12, 18, 103
Strafe 34ff
Stundenplangestaltung 52f, 103ff

Übungen des täglichen Lebens 14, 104, 139
Umwelterziehung 122ff
Unabhängigkeit, s. Selbständigkeit
Universum 27, 118ff

Vorbereitete Umgebung 11, 14, 17, 31ff, 56, 95
Vorstellungskraft 19, 77, 81, 120

Wetteifer 100f
Wiederholung 14, 34, 66, 91
Wille 12, 14f, 98

Zeugnis 129f, 135ff